로뎀 시집(11)

그리움의 도돌이표

지영자

그리움의 도돌이표

펴 낸 날   2024년 9월 30일

지 은 이   지영자
펴 낸 이   이기성
기획편집   이지희, 윤가영, 서해주
표지디자인   이지희
책임마케팅   강보현, 김성욱
펴 낸 곳   도서출판 생각나눔
출판등록   제 2018-000288호
주 소   경기 고양시 덕양구 청초로 66, 덕은리버워크 B동 1708호, 1709호
전 화   02-325-5100
팩 스   02-325-5101
홈페이지   www.생각나눔.kr
이 메 일   bookmain@think-book.com

• 책값은 표지 뒷면에 표기되어 있습니다.
  ISBN 979-11-7048-754-8(03810)

Copyright ⓒ 2024 by 지영자 All rights reserved.

· 이 책은 저작권법에 따라 보호받는 저작물이므로 무단전재와 복제를 금지합니다.
· 잘못된 책은 구입하신 곳에서 바꾸어 드립니다.

로뎀 시집(11)

그리움의 도돌이표

지영자 제11시집

생각나눔

작가의 말

　　　　삶이란 어제를 추억하고 오늘을 사랑하고 내일을 희망한다는 말이 실감 나는 2024년을 맞이한다.
　시인은 독자의 마음을 얼마나 많이 흔들어 놓을 수 있는 시를 쓸 것인가? 다시 한 번 생각하게 한다.

　열한 번째의 시집을 편집하고 보니 항상 부족하다는 마음 버릴 수 없지만, 자연과 나를 보고 만지고 다독이며 『그리움의 도돌이표』로 허물어지는 마음을 달랜다.

　구순을 향하는 시차 적응 쉽지 않지만, 풍성한 감성과 서정의 맑은 물결로 흐르고 싶은 못내 아쉬운 마음으로 용기를 내어 한발 한발 걸음을 옮겨 본다.
　독자들의 마음에 활력소가 되기를 바라며 감사하며 고개를 숙인다.

　　　　　　　　　　　　　　　　　　　　2024년 7월 23일

목차

제1부 꽃 이름은 달라도

꽃 이름은 달라도 · 12
봄은 오고 있는데 · 13
주님이 함께하시기에 · 14
보름달 · 16
사랑이란 · 17
새해의 기도 · 18
달개비 꽃 · 20
사 월 · 21
순백의 그리움 · 22
철쭉꽃 · 24
봄의 꽃노래 · 25
복사꽃 연정 · 26
폭 설 · 27
입추가 문을 열 때 · 28
지하철의 여유 · 29
얼마나 아름다운가 · 30
기다리던 봄비 · 32
늦깎이 결혼식 날 · 33

제2부 황혼의 역주행

황혼의 역주행 · 36
세대 차이에서 오는 비감(悲感) · 38
당쟁의 바람은 옛날이나 지금이나 · 40
어쩌다 이런 일이 · 41
독도는 누가 뭐래도 · 42
낙엽을 바라보며 · 44
가을비 · 45
갈 대 · 46
국화꽃 축제 · 47
석 양 · 48
가슴에 묻은 꽃 한 송이 · 49
봄의 풍경 · 50
낙 엽 · 51
금낭화 · 52
민들레 · 53
나와 함께하시는 · 54
을왕리 해수욕장 · 55
위대한 밥상 · 56
초록빛 꿈에 젖어 · 58

제3부 당신은 누구십니까

당신은 누구십니까 · 62
방문객을 기다리는 현장 · 64
진달래 · 66
꽃망울 · 67
화장장의 문이 열릴 때 · 68
무궁화 꽃 · 70
제비꽃 · 71
변함없는 참외 맛 · 72
오월이 오면 · 74
자스민 · 76
바 다 · 77
여 름 · 78
벚 꽃 · 79
함박눈 · 80
노루귀 · 81
무릎 꿇는 자의 비밀 · 82
당신 없이는 못 살아 · 83
등나무 · 84

제4부 불청객의 고민

설중매 · 88
튤 립 · 89
불청객의 고민 · 90
임플란트의 불안 해제 · 92
봄은 · 94
뜬눈으로 지새우는 밤 · 95
꽃무릇 · 96
애기똥풀 꽃 · 97
수선화 · 98
봄나물에 목을 축일 때 · 99
영산홍 · 100
야생화 · 101
유월이 오면 · 102
라일락 · 103
팬지꽃 · 104
꽃잔디 · 105
마침내 봄을 심다 · 106
샤스타데이지 꽃 · 107
어머니의 위대한 사랑 · 108
이팝나무 꽃 · 109

제5부 바람에게 물어본다

꿈을 심는 손녀 · 112
기다리는 통일 · 114
바람에게 물어본다 · 116
6월 · 118
코스모스 · 119
추억의 가락을 찾아 · 120
구월이 오면 · 122
천일염 품절에 · 123
감사합니다 · 124
가로수의 은행나무 · 125
마장 호수 · 126
7월 · 128
꽃은 다시 피고 · 129
세계 청소년 꿈을 펼쳐라 · 130
가을이기 때문인가 봐 · 132
장미의 향기로 · 134
자연재해 · 135
가을이 좋아라 · 136
내 곁에 계시는 · 138

제6부 가을에 취하다

꽃이 진 자리 · 142
말장난의 위험한 수치 · 144
가을에 취하다 · 146
봄비 그치고 나면 · 147
오늘이 바로 그날 · 148
생 일 · 149
부활의 아침 · 150
작두콩 차 · 151
철쭉꽃 · 152
청국장 · 153
꽃모종 · 154
동 행 · 155
영종도 선녀바위 · 156
한적한 공원의 전율 · 157
말씀이 육신이 되어 · 158
요란한 함성의 전율 · 160
초롱꽃(campanula) · 162

• 시집 평설

경건한 일상의 삶과 『그리움의 도돌이표』 · 164

제1부

꽃 이름은 달라도

꽃 이름은 달라도

수선화과인 이름은 달라도
이루어질 수 없는 사랑인 상사화
참사랑인 꽃 무릇
서로 그리워하는
그대 향한 불꽃 같은 사랑

마침내 사랑의 병 꽃으로 피어나
만날 수 없는 운명이지만
서로 보지 못하는
그대의 핏빛 같은 눈물겨운 사랑
그리움의 기도로 기다리고 싶네

한 몸으로 만날 수 없는 운명의 꽃
황홀하면서도 서글픈 꽃
구월에 얼어붙은 마음을 덥히는데
꽃무릇 꽃만 한 게 더 있을까
상사화보다도 처절하고 뜨겁다

봄은 오고 있는데

입춘 지난 2월
제주도에 유채꽃 피었다고
전해온 소식
봄비가 눈먼 땅을 적신다

혹한의 바람 지나가는 사이로
꽃망울 터지며
나뭇가지 눈 뜨게 하는
봄 햇살의 정겨운 미소

제자리로 다시 돌아오는 봄
보고 싶은 사람 만나러 가는 길목
고개 내민 어린 잎의 선율 사이
해산하는 봄은 오고 있는데
그대 떠나간 소식에 눈물이 난다

주님이 함께하시기에

대한 소한 지나 경첩인 오늘
벌써 매화꽃이 피었다는 소식
계절의 흐름은 생명의 현상을
꽃 피우는 우주의 전환점에도
주님이 함께하시기에
좋아라

내 몸속에 가늠할 수 없는
사건들이 흘러넘치는 세월
불안한 바람에 흔들리다
제자리에 뒤돌아설 힘도
주님이 함께하시기에
좋아라

매일 떠오르는 태양
사악하고 다변화하는 기세에
악전고투하는 삶의 현장

절망의 소용돌이 앞길이 막막해도

주님이 함께하시기에

신발을 다시 신을 수 있어 좋아라

보름달

밤을 낮같이
나의 마음을 애무하는 그대
그대를 보면
나의 마음은 왜 이렇게 설레는지

그대처럼 둥글게
어두운 마음을 밝게
어려운 일은 잊으라고
아픈 마음 달래어주는 풍요로움

시간이 흐르고 흘러
그대 달빛처럼 차올라
보름달처럼 사랑도 뜨겁게
바라만 보아도 행복해지는 그대

사랑이란

사랑이란

그대를 만난 기쁨으로 인해

바라는 건 아무것도 없었어

그냥 다 주고 싶었어

사랑이란

그대를 소유하는 것이 아니라

마음이 하나 되고

죽음도 두려워하지 않았어

당신이 있어 행복하고

포기하지 않고, 절망하지 않고

그대를 떠날 수 없어 간직하고 싶은

그대와 영원히 머물고 싶은

아름다운 그리움

하늘이 주신 축복이란 것을

새해의 기도

주여! 지난해의 잘못을 용서하시고
새로운 마음으로 시작하게 함을 감사합니다
일월에는 지난해 더러운 모습 십자가의 보혈로
눈처럼 희고 맑게 하시고
새해에는 건강의 기쁨과
희망과 소망이 넘치며 사철 푸른 나무처럼
은혜의 열매가 넘치게 하소서
3월 만물이 소생하는 달
사망을 이기신 부활의 기쁨을 감사하며
죽음에서 다시 살아나는 삶을 체험하게 하소서
가정의 달 오월에는 가족이 믿음으로 살게 하시고
겸손의 미덕으로 기다림의 열매가
풍성하게 하소서
구월에는 사랑의 열매가 익어가는 기쁨을 주시고
유종의 미를 거둘 수 있는 지혜를 주시고
마음을 비우는 자세로 임하게 하소서

나의 나 된 것이

하나님의 은혜임을 자각하게 하시고

하나님의 임재를 사모하며 기다리며

마지막 순간을 주님께 맡기는 믿음을 주소서

매일 매일의 순간이 감사로 새날을 맞게 하소서!

달개비 꽃

한나절 햇볕에 이슬 머금고
순간의 설렘으로
보라색 우산을 펴
잡초처럼 보여도 어여뻐라

반나절 뒤 소중한 너의 모습
우산을 접었구나
낯익은 모습은 알프스의 순박한
열정을 느끼게 하는 강인한 생명력

고개를 숙이지만, 정오를 지나
피어있는 듯 시드는 듯
내일 아침이면 다시 희망을 선물하는
그대는 사랑스러운 꽃이야

사 월

수양버들 봄바람에
연푸른 어린 나뭇잎 봄을 예찬한다
배꽃, 사과꽃 수채화 물결이 출렁
푸른 사연 눈 부신 빛
사월 순항의 깃발을 흔든다

눈에 익은 꽃잎이 눈물처럼 지고
죽음에서 사망을 이기신 사월
슬픔에서 기쁨으로 새순처럼
순환의 계절 새로운 영혼의 기적은
초록의 잎 맥 사이로 뜨겁게 여울진다

녹색의 풍경과 풍경 사이
봄날처럼 살아있는 영혼의 꽃
비로소 무덤이 열린 사월의 기적
다시 비집고 올라온 새로운 순
메마른 영혼이 뜨겁게 소생하는

순백의 그리움

스산한 바람이 문을 열고
들어오는 날
눈은 하염없이 내리어 쌓이고
쓸쓸하고 호젓한 마음
달래어 줄 수 있는 그대가
나의 순백이 그리움이었으면 좋겠어

얼마 남지 아니한 생애
따뜻한 눈빛만 보아도 슬픔과 고독
바람의 노래 들으며
이름 없는 들꽃으로 피어나
그대의 뜰 앞에 마주하며
삶의 이야기로 행복하였으면 좋겠어

눈을 감아도 하얗게 떠오르는 잔영
최선을 다해 소임을 다하는 하얀 고백처럼
백설의 노래 들으며 꽃을 피우는

적막과 대면하는 겨울의 찬란한 눈빛

그대와 내가 바라보는 이유가 없어도

오늘 하루가 순백의 그리움이었으면 좋겠어

철쭉꽃

너에게 독이 진하여
개 꽃이라 하여도

꽃과 잎이 어울려
꺼지지 않는 불꽃이다

사랑의 열정 그대를 향하는
나의 마음이 뜨겁다
해를 거듭할수록 진한
사랑의 불길 끌 수 없다

지천으로 피어 마음 들뜨게 하는
봄의 화신인 그대
나의 첫사랑처럼 그대 앞에 서면
빛 고운 선율로 추억이 흐른다

봄의 꽃노래

지루한 겨울잠에서
침묵의 벽을 깨우는
봄비의 조용한 소리로
봄은 가까이 왔다

불어오는 꽃샘바람
잠든 나무를 깨우며
매화, 진달래의 화려한 군무
마음 설레게 하는 처녀처럼

팬지, 데이지, 마거릿 꽃
봄바람 사이로 자태를 들어내고
자지러지게 하는 꽃 축제
봄을 탄주(彈奏)하는 변주곡

화려한 꽃 봄의 축제로
바람에 꽃잎 휘날리며
계절의 감각을 한껏 취하게 하는
화려한 절정의 찬가로

복사꽃 연정

남쪽 따뜻한 언덕에
흐드러진 복숭아밭
통째로 가슴에 껴안았다

밤마다
복사꽃 사랑
달빛처럼 차오르다

살랑살랑
눈웃음치는 해 맑은 미소에
사랑의 노예가 된다

복숭아밭
붉은 열정이 밤낮으로
내 마음 들뜨게 하는 4월

폭 설

하늘 빗장이 열렸나
밤새 내린 함박눈
창문을 열면 빛나는 설원
태곳적 숨결로 신화를 쓴다

남쪽은 17년 만의 폭설
힘든 일상이 삐걱대는 소리
넘쳐 나는 회한과 절망
삶의 출구를 찾기 위한 저 아우성

하늘과 땅 사이
삶의 욕심은 아랑곳없이
눈은 쌓이고 쌓여 순백의 꿈은 커 가고
그대와 나는 숫눈 길을 걸어간다

입추가 문을 열 때

변태적인 열사병에

안절부절 몸을 가누지 못한다

6호 카눈 태풍이 최대 풍속으로

경계가 허물어진다

잠기고 찢기고 범람하는 하천은

다그치는 비의 속도를 잠재우지 못한다

지구의 재앙처럼 흔들리는

농경지의 침수와 침수된 가옥

자원봉사자들의 땀이 눈물로 증발하여 하얗다

폭염에 대처하라는 문자의 경고문에

수신 불량자가 된다

폭우에 잠긴 평생의 귀중품이 곰팡이가 핀다

휘몰아치는 비바람에

기후 변화를 측정하는 일기예보

핸드폰의 지문을 밀고 당긴다

빠져나오지 못하는 자연재해에 더 비참할 순 없다

입추가 문을 여는 때

지하철의 여유

매일 지하철을 탄다

시작과 끝은 반대쪽에 있어서

우대해 주는 노인석 빈자리가 없다

외로움을 견디느라

눈이 오면 눈이 와서 좋고

비가 오면 비가 와서 좋은

눈 감고 앉아 있는 목말라 시들어 가는 꽃

정답이 없는 삶이 얼룩진 오리털에서

모진 바람의 서곡이 힘에 부친다

한가한 미래의 불안을 창문 밖으로 보내며

왕복 4시간의 여유로운 세월을 낚고 있다

해가 뜨고 질 때 그 사이를 출퇴근하는

노후의 지하철 인생

한강 은빛 물결은 밀리고 흔들리면

속세에 찌든 마음 구석구석 헹구어 준다

레일 위를 긁으며 가는 바퀴의 거친 숨소리

오늘도 힘차게 살아가자고 독려한다

얼마나 아름다운가

눈을 감았다 뜨면 푸르게 떠오르는 빛의 잔영
황홀하게 피어오르는 자연에 도취하여
목이 메어 눈물 흘리지는 아니하였는지요
별빛처럼 반짝이는 도심의 밤
멀리 바라보며 흔들리는 풍경에
감동하지는 아니하였는지요

마법의 성을 지난 듯 소금으로 만들어진 호수
무아지경에 빠지게 하는
나이아가라 폭포와 빅토리아 폭포
모래사막을 지나 만년설이 덮인 간헐천
세계의 이색 풍경이 생각의 틀을 지나자
비로소 창조의 신비를 읽는다

경이로운 세계 살아갈 이유와 가치로
무모한 생각을 지운다
절망을 삼키며 삶이 빛날 수 있도록

하늘에 그려진 석양의 아름다움처럼

이렇게 좋은 세계

오늘 하루의 삶이 얼마나 아름다운가!

기다리던 봄비

잔설을 깨우는 봄비
추녀 밑에 흐르는 생명의 소리
봄을 기다리든 꽃대가 먼지를 털어내며
기지개를 켜는 목마른 나무

잠자던 개구리가 화들짝 눈을 뜨고
숨 막히던 겨울의 절망에서
여기저기 빗방울 소야곡 장단에
촉촉해지는 땅이 비로소 웃는다

목마름에 갈급한 생명의 마중물
빗방울 맺히는 찬란한 꿈은 승화하여
샘물처럼 마른 목 축여주는 소리에
기다리든 봄비로 눈을 뜨는 꽃망울

늦깎이 결혼식 날

남강 유등 축제 가을빛을 더하고
마주한 촉석루 강 언덕 위에 우뚝하여
양귀비꽃보다 붉은 논개의 혼
그 마음이 흘러 강물은 푸르다

정오 포 시즌 결혼식장
둘이 하나 되는 축복의 날
숙연한 결혼 행진곡 생의 첫출발인 발걸음
백색 드레스와 부케를 안은 신부
부모의 눈가에 이슬이 맺힌다

신랑이 쏘아 올린
별 같은 사랑의 화살
신부의 가슴에 박히는 백 년을 기약
영원히 지울 수 없는 행복의 파도
박수 소리 요란하다

제2부

황혼의 역주행

황혼의 역주행

세월을 갉아먹은 시간의 흐름
얼굴에 검 버짐만 덕지덕지
화려한 지나간 젊음을 묻어버리고
생과 사의 돌아오지 아니하는 강을 건너
제2의 연무 낀 인생

덜컹거리는 지하철 차창에 기대어
흔들리는 침묵의 긴 잠을 깨우는 듯
전동차의 바퀴는 전설의 노래로
지나치는 역은 징검다리처럼 문을 여닫고
서울의 허리를 밟고 지나가는 풍광(風光)에
삶의 희열을 묻고 답하며 외로움을 달랜다

누구나 반갑게 눈 맞추는 사람 없이
남은 시간 고뇌의 혼을 불어넣는다
나만이 사랑했던 가족 간의 사랑

사후 기억해야 할 바람의 이유는

번뇌의 깊은 눈물 임박한 종착역에서

일상의 외로운 고뇌의 문이 여유롭게 닫힌다.

세대 차이에서 오는 비감(悲感)

소한 대한 지나면 내 아들놈 얼어 죽을 날 없다는
날이 지나고 봄비가 언 땅을 녹인다
결혼도 해보지 않고 자식을 낳아 보지 않고
부모의 마음 알기나 할까
노인을 비하하는 어두운 균열이
청춘은 인생의 타고난 우월감으로
이해 불가의 늪에서 소리가 높다
정치 쇼의 고장 난 수레바퀴를 돌리려고
말장난으로 균열을 일으킨다
젊음은 항상 궤도를 이탈
어떤 운명이 내일을 결정지을지 모르는 일
정치에 발을 들여놓은 꾼들이
자기 욕망으로 국민을 등에 업고
희희낙락이다
허탈한 사색에서
여유로운 삶을 달래기도 역부족이다

분분히 사라져 간 목마른 나의 젊음

되돌릴 수 없는 슬픔을 안고

하염없이 흘러내리는 봄비를 바라본다

남은 삶이 세대 차이에서 오는 비감으로

할 말을 잃는다

당쟁의 바람은 옛날이나 지금이나

조선 시대로 내려온 세도 정치 당파 싸움
현대화 물결에도 억세게 술렁인다
여의도 지붕 안은 궤변에 능숙한 연기자
국민을 등에 업고
이현령비현령 흑색선전으로
나라를 위한다고 핏빛 얼굴이다
추악한 욕망의 대변은 썩어가는 당쟁으로
뒤섞인 바람이 시도 때도 없이
착각으로 위험한 파고를 넘는다
정치 사냥꾼 놀이판이 재현되는 단절된 벽
치욕스러운 식민지하를 벌써 잊었는가
통일을 앞세우며 국민을 좌우로 분리하려는가
북한의 위기에 누가 대처하려 하는가
정권 야욕에 눈이 어두워진 권력자들
여의도 지붕 아래 밤은 상처로 깊어지고
고래 싸움에 국민들의 등 터지지는 않은지
"말로서 말이 많으니 말 많을까 하노라."
다시 한 번 새겨 볼 일이다

어쩌다 이런 일이

10월 마지막 날
가을빛이 찬연하여
단풍잎과 은행잎이 제 빛을 발하는데
어찌하여 꽃도 피우지 못한 채
축제의 한 마당 누구를 원망하겠느냐
이태원의 핼러윈 날

대한민국의 가슴에 추모의 리본을 달고
내일의 희망인 꽃이 밟힌 자리에
흰 국화꽃은 명복을 빌며 상심한 마음을 달랜다
어쩌다 이런 일이
넘어지며 밟혀 소리치는 올부짖음
밀지 마세요, 살려 주세요

아비규환의 참상은 심폐 소생의 노력에도
꽃의 생명을 구할 수 없이
죽음의 페이지를 넘기는 어긋난 톱니바퀴처럼
납덩이처럼 무거운 마음으로
꽃다운 영령들에게 삼가 명복을 빌며
꽃 진 자리에 대한민국의 심장이
다시 소생하기를

독도는 누가 뭐래도

수천 년 전 누가 뭐라 해도
울릉군 울릉읍 독도리
독도는 대한민국의 섬이다
울릉도 동남쪽 87킬로 동도와 서도, 36개의 작은 섬
남색 치마폭으로 감싸며 찬연(燦然)한 햇살이 비추는
독도는 우리나라의 빛나는 궁전이다
36년간의 수치스러운 탄압을 벌써 잊었는가
자국령이라고 우기는 약탈자의 더러운 근성에도
괭이갈매기 태고의 젖을 물리고
거센 파도의 한 맺힌 포말이 독도를 지킨다
촛대 바위와 코끼리 바위는 바다를 지키는 수문장
너희들은 대한민국의 파수꾼이다
동해의 바다를 붉게 물들이는 장엄한 노을빛
누가 뭐래도 독도는
대한민국의 혼이 담긴 자랑스러운 섬이다
다시는 찬탈(簒奪)할 수 없도록

이 땅에 발붙이는 일이 없어야 한다
세계가 인정하는 독도
오천 년 한국의 얼이 요동치는
어머니 바다의 수호신 독도
그 기상 영원하리라

낙엽을 바라보며

풍경이 차가운 가을날
오색찬란한 국화꽃 합창곡 울려 퍼지고
자지러지게 하던 단풍잎 채색옷의 변주곡
뜨거운 갈채를 보냈던 날이 언제인가
지천으로 눈을 자극하던 낙엽

단풍 물에 취하여 오가던 함성
"저 붉은 단풍잎 좀 봐!" 감탄의 독백
삶의 한 구비인 양 명절에 입다 벗어놓은 옷처럼
화려한 변신 세월의 무늬를 찍어내며
그 빛은 황홀하다 적막하였다

발밑에 부서지는 낙엽 소리 들리는가!
쓸쓸하게 떨어진 나뭇잎
청소부 아저씨의 빗자루질 반복으로
사정없이 담기는 자루의 무게
삶의 무거운 짐을 내려놓는 우리를 본다

가을비

하염없이 내리는 비
만산홍엽의 옷
훌훌 벗어버리게 하고

쌀쌀한 바람
추억에 젖은 사연 비에 젖어
낙엽으로 쌓이네

비바람에 나목(裸木)의 외로움
헤어지는 아픔 외면하지 못하고
온몸으로 견디고 있네

쓸쓸한 마음 고독한 비가 내리고
비에 젖은 은행잎 이야기
하염없이 쏟아지네

갈대

사철 푸른 영광의 빛
봄이 지나 겨울이 오도록
가냘픈 몸 시퍼렇게 날을 세우고
강물의 울음소리 들었네

바람 불어 좋은 날
마른 갈대의 노랫소리
흔들리며 피는 하얀 꽃
바라보는 내 마음도 흔들리네

바람 잘 날 없이
꺾이지 아니하는 진솔한 이야기
너를 닮은 은빛 사연
낯빛이 하얗도록 눈물에 젖어보네

국화꽃 축제

겹겹이 쌓인 그리움
가을의 절정인 국화꽃 풍경
화려하게 장식한 조형물의 이미지
국화꽃 터널을 지날 때마다
묻어두었던 감탄사의 연발

천만 송이 국화꽃은 드림 파크로
늦게 피고 오래 견디고
깨끗하지만 차갑지 않고
어여쁘지만 요염하지 않은 꽃의 향기
품위를 더하는 사랑스러운 모습

너의 매력에 빠지는 가을
어머니의 빈 화병에 꽃은 국화꽃
어쩜 그렇게 슬프고 외로운지
밤이 깊어질수록 진혼곡으로
어머니의 사랑이 그리워지는

석 양

하루의 절정이
핏빛에 물들어
몽환적인 환각에 빠진다

하루의 삶이
기우는 햇살 속으로
그리움이 켜켜이 쌓여
시작과 끝의 흔적이 찬란하다

태우고 태우다
아름다운 곳에 머문 물드는 하늘
기우는 우리의 삶도
미로 속에 희망이 사라져도

저녁노을처럼
찬란하게 물든다면
우리의 황혼의 그림자
얼마나 아름다운가

가슴에 묻은 꽃 한 송이

기적을 바랐건만
툭 떨어진 동백꽃이 되었구나
붉은빛 낭자한 온몸
핏빛으로 지고 마는 꽃잎

보고 싶고 그리워서
동박새 울음이 사무치는구나
이월의 끝자락에 애잔하여
사라진 말 못할 사연

천상의 꽃송이 하나
사랑하기에 너무 짧은 시간
너를 만나 행복했었는데
너를 보내고 고통스러운 날

생각할수록 차오르는 슬픔
낯선 먼 길 떠나보내는 아픔
"너를 사랑하였다." 마지막 인사로
고개 숙이며 너를 가슴에 묻는다
(2023년 2월 28일)

봄의 풍경

자가용이 도로의 바람을 가른다
도로변에 심은 철쭉과 영산홍
가로수의 연둣빛 화살이 쏘아 올린 새싹
살아있음을 실감하게 하는 반란 눈이 시리다
미세 먼지의 폭풍 속에서도
시각의 피곤을 달래준다

정교한 색의 운치는 살아갈 날의 시린 사연도
정화되고 치유되는 기쁨을 선물한다
윤슬로 빛나는 봄의 풍경
다시 시작될 봄의 건반을
오르내리며 흔들리는 눈빛
봄바람에 실려 온 분홍빛 사랑이다

고요히 핀 꽃다발의 연서를 읽으며
초록의 풀 향기와 꽃의 서곡을 듣는다
봄과 함께 꽃을 피우는 삶
조팝나무가 보낸 편지를 읽으며
덩달아 춤을 춘다
녹색의 장원이 펼쳐지는 초록 실루엣

낙 엽

가로수의 나뭇잎
가을빛에 수선스럽다
바람에 흘러내리는
가을의 무게인 중량은 미지수
와! 가을이 가는구나

더욱 선명한 유채색의 절망
화려한 소멸의 아픔인
낙엽의 품위인 고독한 무게
가슴 시리게 한다

가을이면 내 머리카락
더욱 성글어지고
낙하의 운명 고스란히 안고
세월 따라 나도 가는구나
아! 가을의 낙엽이여!

금낭화

화사한 꽃무늬 산고의 밤이 지나
복주머니 조롱조롱 눈 부신다
땅을 향해 고개 숙인 비단 주머니
어머니의 치마 속에 감춘 복주머니처럼
무슨 비밀이 숨어 있을까
"당신의 뜻을 따르겠습니다."
꽃말처럼 겸손하게 살고 싶은
담홍색 주머니의 신비
너를 보고 근심을 주머니 속에 감추고
몸을 추슬러본다
너만의 신비한 빛나는 광채
젊음을 자랑하든 추억을 꺼내어 본다
기다림의 미학인 영광스러운 기품을

민들레

양지바른 곳 어디든지
봄을 선명하게 펼치는 노랑 꽃 쟁반
아장아장 걷는 첫돌 지난
우리 손주같이 귀여운 꽃

빛나는 황금 쟁반에
행복한 마음과 감사하는 마음 담아
내 사랑하는 그대에게
드리고 싶은 민들레

어디든지 날아가 번성하는 자손
너의 흰 날개
아무도 모르리
가장 낮은 자의 모습인 열망을

나와 함께하시는

갈 길은 가까우면서도 먼 길
어두운 장막이 밀려올 때
좌절하거나 실망하지 않습니다
그 누구도
나를 붙잡을 수 없어도

평생 나와 함께 하시는 이가
있다는 것을
잊지는 말아야지요
오직 그대
주 하나님인 것을

죽고 나서 다시 사는 부활의 비밀은
아침과 밤을 주관하시는 이
오직 당신뿐
지은 것이 당신 없이 된 것이
하나도 없다는 것을

을왕리 해수욕장

인천 국제 공항이 자리한
영종도 서쪽 끝에 있는 해수욕장
1963년에 해수욕장으로 개장
1986년에 국민 관광단지로 조성
백사장 길이 700m, 썰물 때 바다 쪽으로 200m

오늘은 멀리 사람의 흔적이 점, 점이다
2001년 4월에 개항
밀물과 썰물의 차이가 큰 인천 앞바다의 특성이
모래벌판이 갯벌로 드러나는 시차에
생의 얼룩을 찍는다

삼월의 바람은 바닷바람을 잠재우는 듯
물새는 한가롭게 갯벌에 먹이를 찾느라 분주하고
조개의 흔적을 찾는 날개 빛이 여유롭다
유명세를 달리하는 바닷가 모래사장에
누군가 찍어 놓은 흔적들
어패류의 잔해와 추억의 바람이 명가로 흐른다

위대한 밥상

살기 위해 먹는 삼식이의 버릇은 밥심이다
생명의 연장선인 영양소가
결핍의 한계점을 저울질한다
무엇을 먹을까
주부의 평생 먹거리 고민은 맛있게 하는 비결
만찬의 가짓수로 민망한 마음은
끝나지 아니하는 승부다
새벽 동트기 전 부엌을 면하지 못하는 주부
밥상 차리는 일에 고군분투(孤軍奮鬪)한다
그릇을 눈이 부시도록 닦아
세균의 흔적을 막았을 때
손가락 지문이 닳아 없어짐을 알았다
따순 밥 한 그릇 먹이고 싶은 어미의 심정
알기나 할까만
숟가락 소리 부딪는 사랑의 울타리
빈 그릇의 진수를 안다

보암직하고 먹음직한 유혹의 맛이 죄악의 근원이
될 줄 미처 몰랐다
만나와 메추라기 광야의 진리는 예나 지금이나
생명의 필수 영양소의 비결을 해독한다
주부의 손에 떠나지 아니하는
평생 먹어도 질리지 아니하는 밥상
오랜 갈증 이제 알 것도 같다

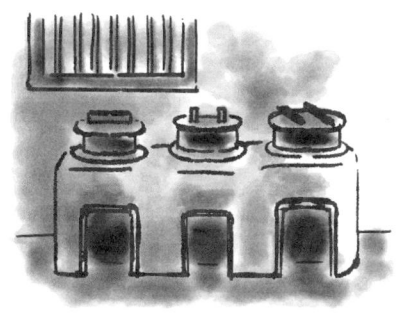

초록빛 꿈에 젖어

봄이 오는 길목
나뭇가지 새순이 햇살에 반사되어
빛의 질서가 눈 부신다
봄바람에 잎맥을 넓혀가는 하루가
바람에 곱게 흔들린다

눈에 익은 잔잔한 풍경
오래 살아남은 사계절의 산야
꽃이 다투어 피고 지는
돌아오는 색의 진수가 윤슬 사이로
초록의 물결 술렁이는 봄이 정겹다

물오른 자작나무 새들이 자축하고
숲속에 조팝나무꽃과 단풍나무 잎의 조화
생명의 신호인 푸른 싹이
사랑의 갈증을 채우고

봄은 초록빛으로 물들어 경이롭다

아름다워 더욱 슬픈 기다림의 미학
아! 눈물겨운 봄

제3부

당신은 누구십니까

당신은 누구십니까

메마른 가지에
물관 부 차오르면
새싹 내미는 푸르른 작은 떨림
봄소식을 전하는 당신은 누구십니까

죽은 듯 겨울을 지나
별빛과 달빛의 소나타를 듣기도 하였지만
꽃잎의 빗장 소리소문없이 열며
마음 설레게 하는 당신은 누구십니까

눈 덮인 땅 헤집고
인고의 시간 지나 꽃망울 터트리고 마는
복수초, 노루귀, 너도 바람꽃
피고 지는 윤회의 진리로
태고부터 온 우주에 가득한
생명의 신비를 알게 해 준

그대는 진정 누구인가요

보기에 좋았더라 극찬하신 당신이시여

방문객을 기다리는 현장

코로나로 닫힌 겨울 지나 봄은 오고

일상의 끈을 놓을 수 없는 날이

목을 조인다

지나가는 발걸음 소리

고대하고 기다리는 고달픔

끝이 보이지 아니한 현장을 지킨다

어서 오십시오. 마음에 드시나요?

활기를 잃어버린 매장은 조용하다 못해 적막하다

매출이 바닥을 드러내는 현장

횅한 눈빛에서 처절한 긴장감을 읽는다

손님 없는 매장 지나치기가 민망하여

애매한 고개를 숙인다

화려하던 꽃은 지고 냉혹한 바람이 무섭다

꿈꾸던 돈의 무게는 흩어지고

경쟁의 쇠사슬이 풀어져

죽겠다는 아우성만 들려오는 자유경쟁 시대

멀어지는 손님만 쳐다본다

긴장의 끈은 발걸음 소리 멀어진 현장이 아프다

들려오는 소식은 삶이 힘들다는 합창에

갈 길 먼 바다 요동친다

진달래

예나 지금이나 들어도
잔영으로 남은 그 이름 진달래
사월의 잔인한
핏빛 사연이 얼비친다

이 봄 다시 피어
사랑의 표적인 붉은 선혈
봄이 오는 골목에
잉걸불처럼 나의 마음을 태운다

산마다 불태우는 분홍빛 열꽃
한국의 혼처럼 호소하는 열망
봄보다 먼저 꽃잎 날개 펴
희망의 등불로 불 밝히느냐

꽃망울

꽃샘바람에도

너를 향한 나의 그리움은

꽃망울처럼 터지려 한다

매화꽃처럼 기다려지는 봄

잠깐 고개 내밀고

희망의 꿈을 알리는 너

피려다 멈춘

꽃망울의 비밀

알듯 모를 듯한 너의 속삭임

화장장의 문이 열릴 때

세월이 화살 같다는 말이 실감 난다

격정으로 차오르는 감정의 골

어둠이 차오르면 골짜기마다

어지러운 울음이 길을 찾기가 우둔한 이별

하늘로 올라 낮은 신음이 흘러나온다

화장장의 문 닫힐 줄 모르고

영구차가 계절 없이 빈번하다

육신의 처리도 초를 다투는 시간으로 변질

화로 속 고인의 이름 밑에

소각 중이라는 문자가 켜지고

40분이 지나 냉각 중이라는 문자가 뜬다

삶은 무겁고 죽음은 이렇게 가벼울 수 있는가

컨베이어벨트에 실려 나오는 한 되 반 되는 잔해

식구들의 감정의 눈물도 사라졌다

살다 간 아픈 흔적 안개처럼 사라지고

침묵은 적막 속에 인간의 존엄이 유명무실하듯이

가벼운 현장 뒤 삶의 하중을 버텨낸다

삶의 잔해물이 전부 쓰레기로 되어버린 듯이

다 버려지는 허무한 생애

멀리 걸어 나온 육신 영혼이 없다면

절망은 위로받을 수 없는 비석(碑石)이 슬프다

무궁화 꽃

숨 막히던 일제의 어둠에도
빛으로 끈기와 섬세한 아름다움은
자생력 강한 민족임을 상처로 알 수 있지만
백 일 동안 순백의 미모
나라꽃으로 명맥을 이어왔다

나라꽃 자격이 없다고 비난도 가지가지
하루살이 꽃이라고
눈병 나는 꽃이라고, 부스럼 꽃이라고
진딧물로 관상의 가치가 없다는
거짓 선동의 폄훼 가운데서 모르는 체하던 꽃

홀로 천대받았던 사실도 모르고
밤새 소리 없이 달래주던 이슬
햇살이 달래주던 아침 빛을 당겨
더러워진 이력서를 털며 나라꽃을 피운
무궁화 금수강산으로 뿌리내린
나라꽃 무궁화

제비꽃

보도블록 틈 사이

아무도 없는 들녘 어디든지

봄보다 먼저 나와

보랏빛 희망의 옷이 잘 어울리는

취향에 걸맞은 네가 입은 옷

눈에 넣어도 안 아프다던 어머니의 말씀

생각나게 하는 꽃

아버지 산소 봉우리 잔디 사이 피었네

오밀조밀 이야기꽃을 피우며

피고 지는 아픔의 사연

나를 위해 고백하는 듯

맺힌 눈물 대신 봄이 왔다고

먼저 소식 전하네

변함없는 참외 맛

녹색 창문에 그리움이 숨바꼭질한다

장미꽃의 향기가 아이들의 몸에서

퍼져 나온다

10년 동안 배달되는 참외가 동그랗게 웃는다

스승의 날이 돌아오면 대문 입구에서

기웃거리며 선생님을 애무한다

초등학교 아이 사장이 연민의 정으로

사랑과 존경의 무늬로 배달되는 향이다

거리 두기로 한 번도 볼 수 없지만

참외 한 박스로 제자의 얼굴을 본다

지식의 허기증을 달래던 스승을

고희를 넘긴 흰 머리카락

"선생님." 하고 부르는 목소리가 낯설다

가난으로 우수한 존재의 탈을 벗어버리고

사회의 선각자로 경제 전선에서

두각을 나타내는 애틋한 모습

맨발로 고향을 어루만지며 꽃을 피운다
달곰한 참외 맛은 흥건한 정으로
제자와 스승이라는 관계의 틀이 세찬 바람에도
흔들리지 아니하는 사랑의 맛이다
참외의 맛이 변함이 없는 것처럼

오월이 오면

화려한 꽃 진 가지마다
새잎 돋아난 나뭇잎
파랗게 어느덧 물이 든다
바람에 흩어진 자식들 얼굴
이팝나무 꽃처럼 가지 사이로 얼굴을 내밀고
카네이션 꽃바람이 술렁인다
5월 8일 어버이날 기다리지 않는다는 자식
혹시나 하는 마음
하얀 이팝나무 꽃처럼 흔들리며 서성거린다
오월이 오면 꽃 한 송이
달아 드리지 못한 부모님 생각에 눈 섶 아래
이슬이 맺히고 가슴이 뭉클하다
때맞춰 자식들이 선물한 카네이션 꽃
"사랑합니다."
밝게 웃으며 하루를 보내는 오월의 사랑
감동의 눈물이 신록의 오월처럼 파랗게 퍼진다

세월이 남긴 주름 사이 그리움은 화석처럼

자식 사랑은 푸르게 산천을 덮고

살아생전 기쁨의 꽃 보는 마음의 절정

오월의 하늘처럼 맑게 퍼진다

자스민

너는 하얀 꽃 무리에서
바람개비처럼
코끝 자극하는 독특한 향기
오렌지 향기로 향수를 만들지만

피고 지고 난 뒤 붉은 열매
'당신은 나의 것' 꽃말처럼
기적을 만드는 요술 방망이
너의 향기에 취한다

옷맵시에 반하여
눈금에 새겨지는 아름다운 여인처럼
그대와 차 한잔하고 싶은
기다림의 향기로 마음을 데운다

바다

배 한 척 보이지 않는
수평선 바라보며
썼다가 지우는 파도
바닷속을 헤매던 질긴 목숨

주름진 갯벌 저 멀리
파도를 밀어내고
짜디짠 고향의 바다
노후의 아픈 마음 수평선 뒤에 묻는다

추억은 부표처럼 떠올라
언제 다시 올 수 있을지 모르지만
사무치는 외로움 파고에 풀어내며
잔잔한 바다에 고뇌의 잔을 띄운다

여름

은빛 햇살 쏟아지는 나뭇잎 사이
푸른 열매가 싱그러운 계절
가끔 소낙비 지나가고
나무 그늘에 땀 말리는 날

여름을 자축하는 요란한 매미 소리
한더위에 가족이 둘러앉아
빨간 수박 속살 시원한 입맛
여름 맛이 익어가면

에어컨 바람에 익숙한
낯설지 않은 계절에 말리는 땀
풋풋한 사랑이 가득 찬 산야
녹음 우거져 시를 쓰는 계절

벚 꽃

시작을 알리는 4월

눈 부시는 아름다운 벚꽃 무리

방방곡곡 축제로 살 맛 나는 세상

절정을 노래하는 오케스트라의 합주

꽃끼리 어울려 상춘객의 발목을 붙잡는다

꽃의 터널 속으로 걸어가는 발걸음

미소 가득한 사람도 꽃처럼 보여

손에 든 카메라가 쉼 없이

꽃의 질서에 따라

초점을 맞추느라 분주하다

온종일 벚꽃의 하얀 손짓

마음은 부풀어 꽃구름이 되어

하늘하늘 여기저기 떠다니고

행복 바이러스 바람에 출렁이며

꽃의 전설 꽃비 되어 흐른다

함박눈

12월 마지막 날 함박눈이 펑펑
요정처럼 내리고 내리는
저 빛나는 설원의 고립
앙상한 가지가지 적막한 꽃눈의 향연이네

한 해의 어두운 그림자
하얗게 덮어 두는 황홀경
겨울을 탄주하는 눈꽃 춤사위
미소 짓게 하는 태초의 신비로움이네

지구의 길목 더러운 오염
백색으로 채색하려는 듯
하얗게 떠다니는 천상의 그리움
세월의 무게 아랑곳없는 절정의 순간이네

기쁨의 탄성도 잠시 휘날리는 눈발
고사목에 피어나는 화려한 피날레
며칠 뒤 녹아 눈물로 흐르더라도
순백의 고백을 맛보는 순간이네

노루귀

잔설 찬 봄바람이
혹한을 밀어내며
참고 기다린 요정
꽃망울 터트리며 봄소식 전하네

봄이 오기 전
나는 너를 기다리고 있었네
너와 지나간 추억 생각하며
잔설 이야기에 귀 기울이네

언 땅을 밀어내며 들려오는 말
봄의 전령사는 내가 먼저라고
뽀송뽀송한 너의 매혹적인 자태
보랏빛 요정인 노루귀

무릎 꿇는 자의 비밀

아버지의 무릎에서 항상 열꽃이 폈습니다
기도의 문을 새벽마다 여신 아버지
목이 터지라고 하나님만 부르며
신열을 앓았습니다
촛불이 꺼지지 않도록 아버지는
불을 껴안아 주었습니다
사람의 마음을 바꾸기 위하여
주님의 음성을 듣기 위하여
마음의 벽을 허물기 위하여
지으심이 신묘막측(神妙莫測)한 하나님의 섭리를 아시기에
중보의 눈물은 막힐 수 없었습니다
바닥에 얼룩진 눈물방울이 헌신의 꽃이 되었습니다
"내가 다 이루었다." 하신 뜻을 아시기에
밤을 무릎으로 베개 삼은 멍에 꼭 껴안은 가슴은
눈물 꽃이 피었습니다
헐렁한 육신의 장막을 벗을 때까지
기도의 비밀을 아신 아버지의 곤고한 일생
십자가의 진리를 깨달으며 흠모합니다

당신 없이는 못 살아

아침 눈을 열면 내 옆에 낯익은 모습
약하지만 든든한 지킴이
쓰러지지 아니하는 기둥이다
부엌문 열고 유리창에 비춘
보이지 아니한 내가 보인다
하루 세 번 끼니를 위해
도마질에 익숙한 식칼은
매일 크레셴도로 나의 푸념을 받아준다
이웃이 멀어지고 찾아오는 사람 없지만
"당신 없이는 못 살아." 말버릇 대신
대문의 문패가 집안의 경전이다
사람 냄새 풍기며 상처를 주지 않기 위해
변함없는 사랑 실천으로
감사하는 마음으로 산 삶이
불어오는 바람도 막았으리라
남은 시간 약봉지만 쌓여가도
오랜 세월 "당신 없이는 못 살아." 가훈처럼 생각하며
나눌수록 더 깊어지는 당신의 흔적

등나무

오랜 휴전이 물려준 임진각
휴식 공간이 눈부신 오월
보랏빛 실타래 아래 늘어진 애환이 깊다

바라본 북쪽 하늘 봄은 깊은데
말없이 흘러가는 임진강 물
쓰라린 과거를 증발시키며 흐를 뿐이다

눈부신 등꽃 타래 그 절정의 미소
허리 굽어진 어머니의 등처럼
환상의 떨림이 아프다

돌아오지 않는 다리
짝사랑에 취한 등나무 꽃의 연가
분단의 바람에 그 떨림이 슬프다

제3부 당신은 누구십니까

제4부

불청객의 고민

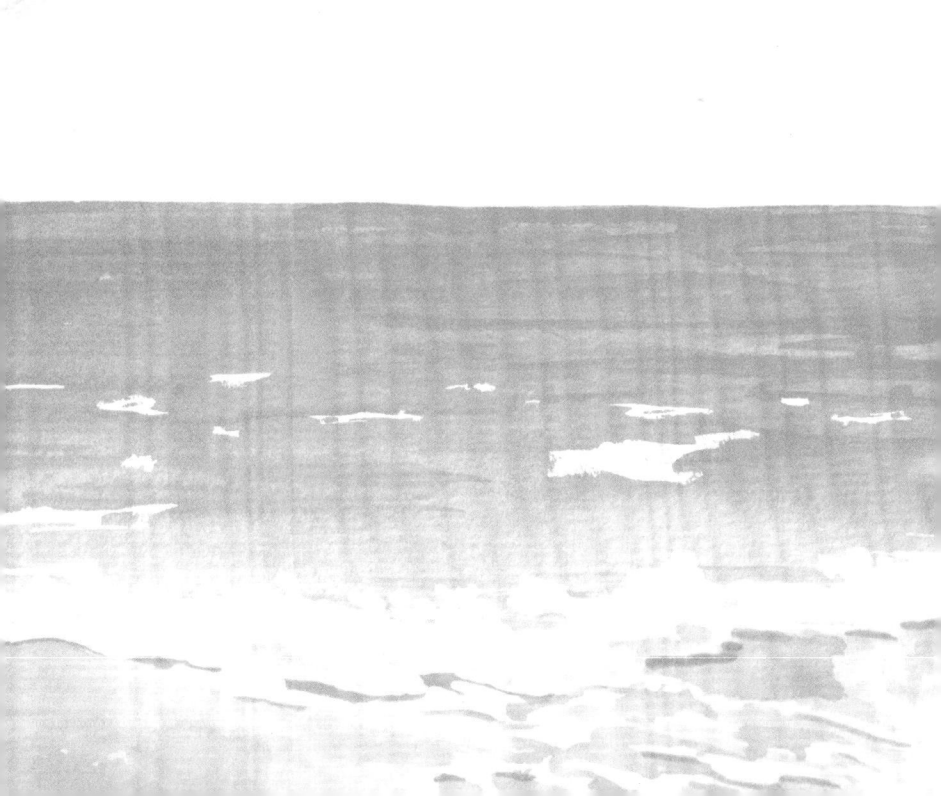

설중매

때늦은 눈
봄을 시샘하고 있나
인내하고 기다린 고결한 기품
꽃으로 화답하네

꽃샘바람
겨울잠을 흔들어 깨우니
봄의 문을 열고
그 기품 어여뻐라

소복이 쌓인 눈빛 광채
찬란하게 빛나는 너의 형상에
곱게 물들어 가는 흔적
그대의 화사함으로 봄이 문을 연다

튤립

오묘하고 화사한 맵시
황홀하여 발걸음 멈추게 한다
빨강 노랑 보라 핑크빛
색의 파노라마 절정의 그리움

봉긋 입술을 열까 말까
다소곳하여 어여뻐라
명성과 애정으로
사랑의 고백을 하고 싶은가

헛된 사랑, 실연하지 아니하려고
누구를 위로하려 하느냐
고운 꿈 등불 밝혀 미소 짓게 하는
천상의 조화로운 여인이여

불청객의 고민

산수를 넘어가자

노인 훈장은 흰머리 빠지고

이빨 빠진 대책이 임플란트로

걷는 무릎이 통증이 될 줄 꿈에도 몰랐다

눈에 보이는 지팡이 늘어가고

암 선고 소식 심심찮게 들려도

외계인으로 취급, 담담하게 넘어가는데

수술하라는 의사의 처방이 무섭게 들려와

세월의 무상을 달랜다

참아주고 달래고 쓰다듬어 주는 관절

막무가내인 관절 달가닥거리는 소리가

시름에 젖게 한다

어두운 밤처럼 달려오는 알 수 없는 불청객

굽어진 노송처럼 세월의 바위 붙잡고

돌이킬 수 없는 젊음을 추억하며

환상에서 깨어난다

내일은 알 수 없는 미로 조용히 눈을 감는다

어두운 밤처럼 헤어날 수 없는 미래

주여! 불쌍히 여기소서

하늘의 위로로 깨어지는 육체를 달랜다

임플란트의 불안 해제

"너도 늙어봐라." 하시던 어머님 말씀이

생각나는 시기다

구멍마다 보호대가 의사의 처방전을

기다리는 날이 많다

씹는 밥알이 뱅글뱅글 헛발질하면

치과 의사의 스케일링 기계 부딪히는 소리에

머리가 하얗다

시술하기 전 정밀검사로 계획 수립

1, 2차 수술의 기다림은 공포 속에 불안

의심과 두려움은 극에 달하여

허공을 맴돌며 진정이 되지 않는다

조금만 참으면 된다는 달콤한 말

단단하게 결합 될 때까지 안정제 역할 하지만

겁먹은 어린아이처럼

소란한 기계 소리 노이로제로 멍하다

불안이 해제될 즈음 공포의 바람 빠져나와

꽃샘추위가 지나고 아카시아 꽃이 필 때

블랙홀을 지나 단단하게 결합 된 치아

감사의 인사로 밥을 먹을 수 있는 희열

푸르게 아침을 맞는다

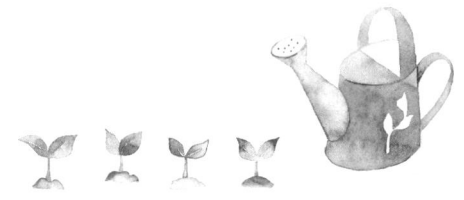

봄은

연둣빛 사월 보이는 곳마다
상춘객의 발걸음이 호사스럽다
추억의 강물 따라 흘러가다 보면
피어나는 절정의 빛에 까무러친다

봄이 오면 다져진 땅 갈아엎어
채송화 봉숭아 패랭이꽃
용기와 희망인 봄을 심어
찬란하게 꽃잎을 피운다

겨울잠에서 깨어난 봄
보면 볼수록 오묘하고 깊다
낯설지 않은 바람에 기대어
꽃향기로 아름다움을 중개하는 봄이다

뜬눈으로 지새우는 밤

눈꺼풀이 일어서는 밤이 무섭다
식물성 유도제인 수면제
멜라토닌 형성을 억제하여 본다
수면제의 부작용이 미리 겁을 주지만
노인성 수면 부족이 두통으로 나를 가지고 논다
의사의 처방전에도 겨울바람에 흔들리는
대나무 숲의 변질되는 바람 소리
성난 파도처럼 어지럽게 달려오면 대책이 없다
해우소(解憂所)를 들고 나게 하는 시간차 공격은
잠의 리듬을 혼란으로 당황하게 한다
불면의 밤 별이 사라지고 나면
언제 그랬느냐는 듯이 수면 양말을 벗는다
잠을 설치는 눈동자에 최적화된
수면 환경 조절도 무용지물이다
잠들기 전 스마트폰, TV 전자기 보는 것도 밀려난다
나를 불면증에서 놓아주지 아니하는 밤이 무섭다
해우소에서 잠깐 마음을 비우고
지구를 천천히 걸어 나와 베개를 바로 세운다
아직 별이 달빛에 가려 보이지 않는 밤

꽃무릇

"사무치다."라는 말 뜨거운 꽃

솔 향기 바람 타고 오는 언덕
파르르 떠는 어긋난 그리움

사랑을 수배하는 나그네에게
온통 불타는 혈서를 건네주면

오작교도 없는 강을 건너서
그대 푸른 애인들 돌아오는

애기똥풀 꽃

봄이 돌아오면
지천으로 피어있는
애기똥풀 꽃
태어난 귀여운 아기
기저귀에 담긴 아기 똥처럼

아침마다 들여다보고 향도 맡아보고
노랑 색깔, 잘 쌌다고 웃음 한 보따리
엄마의 지극한 사랑으로
받아낸 샛노랗게 묻은 기저귀
까르르 눈웃음 소리

애기똥풀 같은 꽃 한 송이
그 향기 좋다고
만지고 얼러는
엄마가 좋아하는 꽃
수시로 들춰보는 애기똥풀 꽃

수선화

네가 서 있는 자리
너의 빼어난 몸매 어여뻐라
초록 스커트에 노랑 저고리 입은
시집갈 때 언니 같은 꽃

고결한 자존심
자기도취에 빠진 나르시스
수줍게 고개 숙여
독선적인 사랑에 취한 듯

봄 하늘 아래 눈부신 조화
네 앞에 서면
온 우주가 환하여
이유 없이 네가 좋다

봄나물에 목을 축일 때

봄이 눈을 뜨면 초록 실루엣이
아침 햇살 속 쏟아내는 유혹
꽃샘바람 밀어내고
봄비에 젖은 냉이와 쑥
봄나물이 나의 손안에 아양을 떤다
해마다 어김없이 먹고 싶은 국물
입덧 한 여인처럼 생뚱맞은 짓을 한다
시장 골목에서 사서 먹어도 되지만
신선한 재료를 탓하며 허리를 굽힌다
무리 지어 어울려 있는 쑥과 냉이
구름에 가려진 햇볕이 심술을 부리기 전
나물의 비밀을 들춰보며 손끝에 잡히는 쾌감
조심스레 봄의 흔적을 달랜다
조물조물 된장에 멸치 몇 마리 어울려
수영하는 바다에 봄의 향기가 진동한다
마주 보고 있는 저녁상에 쑥덕쑥덕 봄이 지나간다
시네올(sineol) 향긋한 향 성분이
입맛을 달랜다

영산홍

진달래, 철쭉 영산홍
이름은 달라도 형제 같은 꽃
내가 먼저 피었다고 뽐내지 않고
봄 풍경을 화려하게 연출하고 있다

사랑의 환희 맛보게 하려고
첫사랑 설렘 맛보게 하려고
봄을 수놓는 초연한 자태는
결코 작은 기쁨 사소한 선물이 아니다

저 황홀한
저 묵묵한
그러나 꽃 질 날 멀지 않아
짧은 생을 연주하는 것 같지만

보면 볼수록 두근거리는 하루
잔기침도 사라지게 하는

야생화

밤이 보내준
이슬에 젖어 한마디 말 없이
햇볕에 눈 비비며
당당히 살아남은 신비한 생명

누구 지나가도 개의치 않고
삶의 고달픔도 잊게 하는 너
혼자서 자생력 키우는 담력은
하늘이 준 노하우

맑은 바람을 이겨낸 태고의 인내력
알지 못하는 세월에
살아온 순수한 자연의 모서리
너를 보면 힘이 솟아 살맛 나
초연한 삶 자유로운 옷깃을 여민다

유월이 오면

초록이 눈 부시는 유월이 오면
나라를 지키든
호국의 영령 앞에 감사의
고개를 숙인다

비무장지대
영웅들의 녹슨 철모 사이
들꽃과 망초꽃 물결이
애잔하다

찬바람은 계속 불어오고
끝나지 아니하는 아픔
붉게 타는 장미의 가시처럼
발걸음이 슬프다

숭고한 희생으로 뜨거운 유월
산화한 그대의 푸른 영혼
묘지 앞에 꽂아둔
무언의 무궁화 한 송이

라일락

멀리서도 너를 알아본다
꽃 문 열리고 바람에 흔들리어
풍기는 아스라한 향기로
이미 네가 온 줄 안다

봄의 환상에 젖게 하여
꽃물에 취하게 하는
너의 보랏빛 주파수로
몸 가눌 수 없게 만든다

너만이 가지고 있는 매력
나를 자지러지게 하는 미묘한 향기
나도 너를 닮아 누구에게든지
좋은 향기로 풍길 수 있다면

팬지꽃

봄이 오는 길 먼저 안내하는 듯
아련하여 마음 들뜨게 하네
활짝 기지개 켜며
'나를 생각해 주세요.'
하는 듯 찬연한 모습 고와라

너를 보니 봄이 왔구나
빛나는 훈장처럼
오묘하고 다양한 화려한 색
햇살에 꽂힌 봄이 더욱 정겹다

너는 바람 한줄기 쓰다 덤은
천상의 빛 간직한 모습
살맛 나는 세상, 이 하루가 행복하다
청자 빛 하늘처럼

꽃잔디

아침 이슬 맺혀 눈을 뜬 꽃잎
방긋 미소 건너
꽃 보라색 옷 눈이 부시구나
가장 낮은 곳에 작고 작지만

너의 특색 있는 매력에
나 반했잖아
가슴속에 숨겨둔 작은 요정
이 봄이 너로 인해 뜨겁다

온화한 너의 성품
닮고 싶은 봄
너를 가슴에 꼭 껴안고 싶은
추억 한 다발

마침내 봄을 심다

때 이른 날씨
시샘하는 꽃샘바람의 행간을 읽으며
흙 냄새 풍기는 밭에 꽃을 심고
냉해를 겁내지 못했다
5월 초, 해독할 수 없는 바람
흙 사이 거름을 주고 땅을 어루만진다

어색한 손에 다치지 않도록
고운 마음으로 어르며 달랜다
먼저 심어둔 상추는 생기발랄하게
꿋꿋하게 품위를 뽐내고 질서정연하다
심어둔 모종이 상처받지 않도록
물 뿌리기에 담긴 물이 봄비가 된다

화단 자투리땅이 푸르게 물들면
보는 마음은 녹색의 꿈을 꾸리라
팬지꽃 패랭이꽃과 어울린 모종
땅 내음 맡으며 따습게 내리는 봄볕
몸 낮추며 일어서는 푸른 문장을 해독한다

샤스타데이지 꽃

태양을 향해 꽃이 피고
밤에는 꽃잎이 닫히는 태양의 눈이라는
뜻이 담긴 데이지 꽃 유월을 즐긴다
이름도 모양도 가지가지

허공에 들어내며
입은 옷 색 다양한 여운에
나비 한 마리 팔랑팔랑
너의 미모에 반하여 사뿐히 앉았다

청초한 모습 노랑 콧대에
하얀 유니폼이 어울리는 천상의 조화
너와 나의 멀어진 거리를 좁히며
나의 삶도 새롭게 물들인다

어머니의 위대한 사랑

뜨거운 햇볕 아래 고개 숙인
한 송이 백합꽃처럼
변함없는 사랑의 향기가 마음을 적십니다
어머니가 좋아하던 흰 백합화를 보면
어머니가 생각나 마음 설렙니다
샘물같이 퍼내도 마르지 아니하는 사랑
오직 어머니의 사랑뿐입니다
절망에 소리 없는 절규
어머니가 그리워 눈물 납니다
세상 어느 누가
어머니 같은 희생을 따라갈 수 있겠는가
삶이 괴롭고 힘들 때마다 불러보는 어머니
새벽마다 기도 제단에 눈물 흘리시던
그 신발 밑에 나의 신발을 포개고 싶습니다
백합화 꽃처럼 변함없는 당신의 사랑
어머니 부르고 싶은
아직 철부지 아이입니다
어머니!

이팝나무 꽃

가로수로 서서

사월의 햇살이 눈부신데

봄바람에 휘날리는

잊히지 않는 하얀 부채춤

어려운 시기 탐스러운 고봉밥

생각나게 하는 이팝나무 꽃

영원한 사랑

아낌없이 쏟아붓던 어머니

옛날 때마다 밥 먹으라고

성화 시든 먹거리

쌀밥 투정은 끝나고

추억만 흔들리는 살풀이 꽃

제5부

바람에게 물어본다

꿈을 심는 손녀

내리사랑의 말이 실감 난다

손잡고 유치원 다니며

구구단 외우게 하였던 하나뿐인 손녀

알알이 익어가는 포도처럼

맑고 고운 눈빛 미래의 꿈을 캐고 있다

하나밖에 없는 꽃 중의 꽃

25년의 근심의 벽이 지나자

세상을 놀라게 하려는 듯

생명공학의 나노바이오 시스템의 전공을 위해

작은 신발을 갈아 신었다

자정을 넘어 축시에도 불에 휘말리지 않고

연구에 몰두하는 초록의 푸른 꿈

사연이 신비롭다

낮과 밤이 손녀의 꿈으로 이 시대를 건너가는

인고의 시간이 애틋하다

시작과 끝을 가름하는 허공을 향해

꺼지지 아니하는 불빛이 눈물겹다

책갈피 뒤적이는 꽃의 열정

할미는 말없이 벗어놓은 옷만 다독인다

기다리는 통일

백두산으로부터 한라산까지
진달래 꽃물 흐르든 금수강산
녹슨 철 모 사이에 핀 들꽃 한 송이
70년을 기다리며 일어나지 못한 꽃

헤어진 슬픔 가슴에 묻고
기다려 온 통일
남과 북의 하늘을 자유롭게 드나든 철새
소식을 전하고 싶지만

통일의 소망을 안고
다시 만날 날을 기다리며
꿈속에서 고향 하늘을 훨훨
날아봅니다
포성은 멈추고 전쟁은 끝났지만

돌아오지 못한 자식의 유골

70년 만에 국군 공원묘지에 안장하고

통일의 염원 하늘에 띄워 봅니다

미사일만 쏘아 올리는 북한 통일은 요원한가!

바람에게 물어본다

시도 때도 없이 화의 불씨가

이혼 서류에 도장 찍기가 바쁜 세상이다

벽을 등진 아이들이 눈치 보느라

입을 다물었다

버팀목이 빠져버린 가정의 붕괴

악순환의 고리를 물고 놓지 못한다

혼밥을 즐겨 찾는 불안의 외로움

추억의 상자도 닫아 두었다

저장된 핸드폰의 이름 삭제하듯이

쉽게 사랑을 팽개치는 아픔이지만

흔들리는 날씨처럼 변덕이 심한 이슈가

실시간으로 빠르게 달려온다

포기한 사랑 버려지는 생명

시시비비가 들끓지만 남은 자들은

누구에게 물어야 할 이유 없는 비극이다

자식보다 개의 아빠라고 우기는 현대 풍조

돌이킬 수 없는 비극이지만

급변하는 풍조에 소금기 묻은 마음

입에 지퍼를 채우고

과속방지턱의 파도를 넘어

혹한의 바람에 물어본다

6월

한 해의 반환점인 푸름이 풍성한 6월입니다
초록 물결이 정겹고
찬란하게 빛나는 나뭇잎 그늘
쉴 수 있는 6월입니다
높고 푸른 청명한 하늘 아래
아카시아 향기 진동하고
덩굴장미 담장을 휘감아 뜨거운 감동의 화폭
6월의 꿈을 꾸게 하면
금계국 미소 마주하는 신비로운 6월입니다
산과 들녘 뜨거운 생성의 피가 끓어 넘쳐
가슴이 벅찬 계절
꽃 바람이 신록을 흔드는 그늘로 오십시오
마음의 짐을 잠시 내려놓고
그대의 마음 초록으로 물드는
넉넉하게 젖어드는 계절입니다
파랗게 피어나는 화폭에 그대의 어두운 마음
살며시 지우며 꿈을 그리세요
6월의 야생화처럼 희망의 물감으로

코스모스

가을 하늘과 대비되는
너의 옷자락
멀어져가는 길 따라
우주의 조화로운 순결한 자태

외로운 마음 달래주는
섬섬옥수(纖纖玉手) 같은 꽃잎
너를 보면
그리움만 차고 넘친다

동화 같은 가을의 깃발
그대 곁에 서성이고 싶은
한나절의 해맑은 미소
냉철하지만 다정다감한 그대

추억의 가락을 찾아

오래된 바이올린을 찾아 닫아 두었던 뚜껑을 연다
책장에 숨어 있던 스즈키 교본에서
내 생의 한 모퉁이가 녹 쓸어있다
사십 년이 지나 잠에서 깨어나
느슨한 줄을 조이고 활을 잡는다
튕겨 나는 소리 앵, 과거의 열정에
소스라치게 놀란다

미적인 역할 하는 스크롤이
장식의 목적으로 걸어두었던
오랜 세월을 비웃는다
현의 진동을 앞판으로 전달하는
브리지를 바로 세우고 줄을 조율
굵어진 손가락이 A 선과 E 선을 오락가락하며
어린 추억이 날아오른다

반복되는 베토벤 사장조의 미뉴에트
이탈 선의 한계를 넘지 못하고
환상의 세계에서 돌아갈 하늘나라를 바라본다

생각의 날개를, 상상의 날개를, 꿈의 날개로
잊고 살아온 세월을 조율해 본다
아픔과 슬픔을 다시 조율하며 현을 누른다

그리움이 도돌이표로 휘청거리는 세월에
열애하도록 하는 바이올린 줄에서
손을 놓지 못한다
인생은 미완성이니 오늘의 허무를 달래며

구월이 오면

요란하던 폭염
태풍으로 몸을 낮춘다
소리 없이 구월이 오면
매달린 열매가 성글어 사랑스럽다

맑은 바람이 돌아오는 날
뜨거 뜨거 하던 날 뒤로
추워 추워 옷깃을 여미는
풍요로운 가을이 넉넉하다

못다 한 가을 이야기로
찬란하게 빛나는 가을의 프리즘
들꽃과 구절초 코스모스
여유로운 손짓은 마음이 뜨겁다

가을을 닮아가는 구월이 오면
잊혀진 추억을 꺼내어
못다 한 노래를 꽃 피우리라.

천일염 품절에

일본의 제일 원전에 쌓여있든 근심 덩어리
방류로 근심의 수치가 높아만 간다
바다 생선을 먹지 말아야 한다고 아우성치는데
소금 창고는 사재기의 둔갑으로
시시비비가 심상찮다
바다의 눈물이 맛을 내는 줄 미처 몰랐지만
몸의 영양분이 소금 0.9%로
소금 꽃의 환상을 다시 본다
뜨거운 태양 아래 수차를 돌리는 등짝에서
흐르는 땀방울이 소금으로 엉길 때까지
소금의 존재 가치를 잊어버렸다
소금 사러 갔을 때 흔한 소금이 동나리라
미처 생각지도 못하고 발길을 돌리는 비참함
귀한 몸값으로 치솟는 소금 꽃
태양에 빛나는 환상에
청청한 바다를 그리어 본다
"소금이 그 맛을 잃으면 무엇으로 짜게 하리요."
세상에 소금이 되라는 성경 말씀 무겁게 다가온다

감사합니다

선생님!
감사합니다
감사의 커튼이 열렸습니다
계절의 여왕다운 오월
스승의 그림자가 연둣빛으로 드리워집니다
세상의 길잡이로
어두운 눈을 밝혀주는 안내자로
힘들 때 어려울 때 포기하고 싶을 때
손을 잡아 주신 우리 선생님이라고
희망의 꽃들이 보내온 응원 한 마디
"감사합니다, 선생님."
보내온 장미 한 다발
초록 바다에 밀려오는 편지
오랜 세월이 지나도 잊을 수 없는 말
선생님, 사랑합니다
오늘이 바로 보람을 느끼며
위로가 되는 스승의 날
감사의 커튼이
녹색으로 드리워지는 날입니다

가로수의 은행나무

가로수에 늘어선 은행나무

도로변 바닥에 떨어져

쌓여있는 황금 비단길

밟고 지나가는 걸음 노랗게 취한다

보도 위에 아름다운 연서

옛 추억을 읽으며 11월의 소리에 귀 기울인다

자동차 배기가스를 흡수하는 정화 능력은

가로수의 역할을 보는 마음에 안정제이다

허공 사이 바람을 견디며

우수수 떨어지는 은행잎의 쓸쓸한 표정

진지한 삶을 정리하는 의연한 자태로

낯선 관객인 그대의 숨소리를 듣는다

흘러가는 여정의 잔재인 황홀한 금빛 잎맥

삶의 애환으로 떨어질 때마다

상처의 여운을 책갈피에 끼워 둔다

떨어진 은행잎 쌓인 길 위

가을의 무게는 찰나로 빛난다

마장 호수

살가운 아침 햇살 사이로
병풍처럼 둘러쳐진 오색 빛 물든
가을 산 아래
그린 듯 마장 호수의 물결은
유혹의 가을빛이다

밀려 오가는 관광객의 발걸음
출렁다리 위에 눈을 감았다 뜬다
흔들리는 다리 아래로 유영하는
잉어의 몸짓이 걸음을 멈추게 한다
청잣빛 하늘 아래 가을 불꽃
꺼지지 아니하는 메아리 호수에 출렁인다

황홀하여라
어지러워라
감동스러워라

어두운 삶에 짓눌린 마음 잠시 물속에 잠기고

추억의 한편 가을의 무게로

출렁다리 아래로 설레게 한다

이보다 더한 낭만

돌아서는 바람이 마음을 흔들어 놓는다

그대 향한 그리움으로

7월

7월 녹색 교향곡의 연주
시원한 바람 향기롭다
눈물겨운 파란빛의 연서
꽃과 열매로 초록 융단을 깔고

잠든 꽃을 깨우는 설레는 햇빛
계절의 화폭에 꽉 찬 숲
그늘을 드리우니
바라보는 눈이 호사스럽다

다시 시작하는 7월
나뭇가지 위 새의 노랫소리
정겨운 사랑 이야기로
푸른 서사시를 쓰는 칠월

꽃은 다시 피고

어김없이 봄이 오면
겨울잠에서 깨어나 화사하게 피는 꽃
무덤에서 부활하신 성자의 모습처럼
황홀하여 눈이 부시네

메마른 가지에
신비한 생명의 소생
죽음에서 다시 살아나는 부활
영원한 잠에서 다시 깨어나는

오직 당신만이 주신 기적
"나는 부활이요 생명이니
나를 믿는 자는
죽어도 살겠고."

세계 청소년 꿈을 펼쳐라

2023년 8월 새만금 잼버리

158개국 4만3천 명 너의 꿈을 펼쳐라

간척지 개발 270만 평 대지 위에 텐트만 2만2천 동

성공적으로 개최하기 위해

인종 종교 문화의 벽을 넘어

무성한 소문이 시끌벅적하다

폭염 예보 열대야 기후로 겁먹은 대처가 방황한다

하루 이틀 지나자, 갈대처럼 휘청이는 열병과

다시 덤비는 코로나 이변인 기후

청소년의 꿈을 꺾을 순 없었다

6호 카눈의 태풍 경로는 새만금 퇴영을 서두르기에 분주

버스 천 대의 대작전은 무너진 바람의 무게를 달래며

한대와 열대를 드나들며

우주의 꿈을 펼치는 미소로 방향을 틀었다

불안한 껍질을 벗고 서울과 인천 각 지방으로

색다른 학습 정보의 탐색은 환하게 웃는 이빨 사이로

깜박이는 눈동자 별을 캐고 있었다
세계의 사만 개 꽃잎은 우울한 화폭에
다시 떠오르는 무지개의 꿈을 그리며 열광한다
뜨거운 도전의 열망 마지막 단추를 잠근다
얼마나 놀라운 명장면인가!

가을이기 때문인가 봐

많이 보지 말라고 눈은 멀어지고
많이 듣지 말라고 귀도 멀어지고
많이 말하지 말라고 입은 둔해지고
마음을 비우고 비우며 살라 하네

그러나
계절은 어김없이 추억을 실어 오고
가까이 있어도 멀게만 느껴지는 마음
눈이 맑아지고 깊어지는 계절에
안으로만 고이는 눈물은 가을이기 때문인가 봐

돌아보고 뒤돌아보아도
이별을 위한 뼈 마디마디 아픈 통증
감내할 수 없는 나무뿌리의 사연도
가을이기 때문인가 봐

아직도 나에게 주어진 길을 걸어가야 하기에
꽃은 피고 나뭇잎은 가을을 연주하는 계절
나를 사랑하고 황혼을 노래하며
시의 노래로 위로의 잔을 채우리라

장미의 향기로

정열의 빨간 장미 눈을 현혹하네
오월의 청잣빛 하늘 아래
내가 오월의 꽃 중의 꽃이라고
꽃무늬 속살 드러내도 할 말이 없네

매혹적인 당당한 모습
사랑의 화신 풍기는 품위
누구와 견줄 수 없는 그대
내 마음 사로잡네

붉게 타오르는 절정의 미소
고통의 가시, 꽃다운 삶을 뜨겁게
황홀한 자태는 신이 내린 은총
고운 빛의 전설 다시 쓰고 있네

자연재해

변태적인 열사병
안절부절 몸을 가누지 못한다
6호 카눈 태풍이 최대 풍속으로
경계가 허물어진다
잠기고 찢기고 범람하는 하천
다그치는 비의 속도를 잠재우지 못한다
지구의 재앙처럼 흔들리는
농경지의 침수와 침수된 가옥
자원봉사자들의 땀이 눈물로 증발하여 하얗다
절망의 재해가 목을 조른다
폭염에 대처하라는 문자의 경고문
수신 불량자가 된다
폭우에 잠긴 평생의 귀중품이 곰팡이가 핀다
휘몰아치는 비바람
기후 변화를 측정하는 일기예보
핸드폰의 지문을 밀고 당긴다
빠져나오지 못하는 자연재해에
더 비참할 수 없는 운명
입추가 문을 열 때

가을이 좋아라

나뭇잎은 가을 이야기로 채워지고
플라타너스 나무 아래 그늘이 드리워져
그리움이 익어 마음이 맑아지는
소설 바람
뜨거운 열기를 식혀주는
가을이 좋아라

과일은 탐스럽게 익어
고추밭에 빨갛게 매달린 정겨운 고추
청포도 송골송골 익어 탐스러운 계절
고추잠자리 하늘하늘
못다 한 정분을 나누는
가을이 좋아라

화사한 해바라기, 접시꽃 구절초 꽃잎
서정의 물결이 춤추는 향기

빈 가슴 채워지는

그대가 그리워지는 이 가을

당신과 함께 사랑의 노래를

부르고 싶은 계절

어찌 좋아하지 아니하랴

내 곁에 계시는

갈 길은 가까우면서도 먼 길
어두운 장막이 밀려올 때
좌절하거나 실망하지 않습니다

그 누구도
나를 붙잡을 수 없어도
평생 나와 함께 하시는 이가
있다는 것을
잊지는 말아야지요

오직 그대
주 하나님인 것을
죽고 나서 다시 사는 부활의 비밀을
아침과 밤을 주관하시는 이는
오직 당신뿐인 것을

지은 것이 당신 없이 된 것이

하나도 없다는 것은

내 곁에 당신이 계시기에

"이 하나님은 영원히 우리 하나님이시니

그가 우리를 죽을 때까지 인도 하시리로다."

(시편 48편 14절)

제6부

가을에 취하다

꽃이 진 자리

산이 좋아 산을 찾은 발이
절벽 아래로 떨어질 줄 몰랐다
고요하고 잔잔한 미소로 정을 주었던 25년
지천명(知天命)을 넘어서는 나이
의술도 어쩔 수 없이 표정 없는
긴 수면은 대답 없는 질문만 남겨둔 채
꺼져 가고 있었다
네가 두고 아끼던 하얀 피아노 건반 위
베토벤 피아노 소나타 곡이 주인을 기다리는데
구름 속을 흐르는 새의 깃털처럼
죽음의 행간을 오르내리며 잠들지 못한다
운명이 문을 두드리는 소리는 고통과 눈물
해체되고 있는 인간의 힘은 운명 교향곡처럼
변화의 바람이 지나가는구나
누구나 자신의 마지막 삶인 죽음 앞에
자유로울 순 없지만

네가 좋아하는 산 밑에 너의 꿈과 희망을 묻었구나

너는 내 가슴에 박혀있는 지워질 수 없는 별이야

오늘도 꽃이 진 자리에 서서

내 안에 계시는 주님과 함께

거하는 삶이 충만하도록 기도할 뿐이다

다시 불러본다, 새 아가야

(2023년 2월 28일)

말장난의 위험한 수치

"입에서 나온 말이 산을 옮긴다."라는
속담이 무색할 정도로 질서의 벽이 무너진다
선거철만 되면 모략 중상하는 말 잔치가
도를 넘어 꽃씨를 짓밟는다
은밀하게 포장된 애국심이 뒤집기 수십 번
국민의 마음을 흔드는 비수 꽂힌 모함과 변명이
법의 질서를 짓밟고도 당당하게
야욕의 뱀 꼬리를 이리저리 흔든다
어둠의 그림자
검은 꽃을 피우고 절망의 파도가 되어 밀려 오간다
위험한 거짓 술수가 도래하여 갈망의 한계를 넘어
한국의 현재와 미래가 아득하다
반쪽인 대한민국 이대로 좋은가
말랑말랑한 권모술수 검은 야심이 무섭다
국민의 희망과 대변을 이어가야 할 대변자
추악한 자태를 하얀 물감으로 덮어두자

감각이 없는 위선자 위험한 수치의 도를 넘었다
누가 누구를 죄 있다고 하는가!
"죄 없는 자여, 돌로 쳐라."
주님이 간음하다 잡힌 현장에서 외친 말씀
들리지 아니한가!

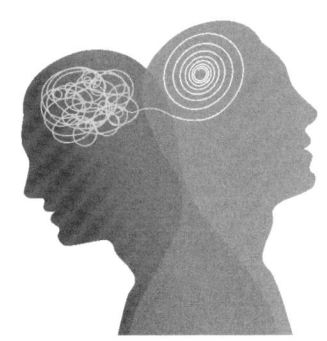

가을에 취하다

한 잎 두 잎 떨어지는 잎새의 추락
허무한 죽음이 아니다
편하게 안주할 뿐
제 색깔을 자랑하지 않고
요염한 자태를 숨기고
그리움의 도돌이표 신호를 보낸다

계절의 계단을 오르내리는
숨 가쁜 변화의 채색
사랑이 익은 무언의 기도
외롭지 않은 침묵의 행렬
헤아릴 수 없는 가을의 현기증
눈부시며 미래를 연다

내 안에 흘러들어오는
시원한 바람
가을이 무르익은 단풍들의 이야기
가을이 남긴 풍성한 열매
시간이 흐를수록 나도 물들어
깊어지는 가을에 취하고 싶은

봄비 그치고 나면

3월의 봄비가
겨우내 굳었던 땅에 입을 맞춘다
꽃샘추위 시샘하는 듯
잠시 몸을 움츠리던 나무
봄비가 주고 간 사랑에
살가운 듯 연둣빛 꿈에 젖는다

4월 언덕 위 노란 개나리꽃
줄지어 웃음꽃이 피어 황금잔을 들고
가로수 벚꽃 나무 들뜬 마음을 달랜다
그대를 만난 차란한 봄은
마음껏 햇살을 당기며
윙크로 춤을 춘다

하르르 흘러내리는 벚꽃 춤사위
피고 지는 목련꽃 사이로
정겨운 봄날 황홀한 빛이 타올라
흘러간 추억을 남겨두고
눈 뜨는 새싹 꽃바람을 껴안고
내 마음에 황홀한 봄을 심는다
봄비 그치고 나면

오늘이 바로 그날

아! 오늘이 바로 그날이구나
1960년 4월 19일
민주 항쟁의 날로 기억되는
바로 그날이구나

벌써 환갑이 지난 세월의 무게 비웃고
젊음의 푸른 절규의 진혼곡으로
다시 돌아온 봄의 동산에
철쭉꽃은 다시 피어 붉게 물들었네

삶에 지친 발걸음 잊고 지나도
함성처럼 들려오는 꽃의 노래
다시 들려오는 사월의 함성
바로 그날이 오늘이구나

죽어도 잊을 수 없는
바로 그날이구나!

생 일

잘게 자른 미역
물에 잠겨 퉁퉁 부른 미역
엄마의 손에 조물조물
바다 냄새 전해지는 엄마의 손맛이다

달력에 점 찍은 자식 생일마다
엄마의 마음이 끓어 넘친 생일상
정성 담긴 반찬 먹음직하고
상에 놓인 생일 케이크 빛이 곱다

엄마의 기도가 파도처럼 밀려오면
수고한 얼굴에 미소가 가득하고
빠지지 아니하는 미역국에
엄마의 사랑이 둥둥 뜬다

자식의 일생을 지켜주는
산 증인으로 오늘이 축복이다

부활의 아침

사월, 어둠을 이기시고
무덤에서 걸어 나오신 주님
사망의 권세를 물리치시고
사월의 꽃처럼 잠자던 나무에
사랑의 꽃이 피었네

무덤의 돌 옮겨지기를 걱정하든 마리아
마리아야, 여기서 찾느냐? 주님의 음성
부활의 기적인 무덤인 파일이
사월의 꽃처럼 활짝 열렸네
한 알의 밀알이 썩어 싹이 난 것처럼

"너희가 본 고로 믿느냐
보지 않고 믿는 것이 더 복 되다."라고
33세의 젊은 꽃봉오리
하늘의 뜻 이루시어 다시 사는 비결
영원한 생명의 열매로 부활하셨네

작두콩 차

차를 대신하는 따끈한 차
마시는 여유
그대는 아시나요?

기관지와 비염을
배려하는 차
삶의 맥이 끊어질 듯한 순간

차 한 잔의 여유
작두 콩 차 한 잔

철쭉꽃

숨죽인 겨울 지난 4월
봄비 그친 햇살 사이로
푸른 잎 맥 사이사이 화사한 빛
살가운 봄바람에 자지러지는 춤사위

계절이 지나는 순환마다
섬세한 리듬과 가락으로
뜨겁게 스며드는 붉은 꽃잎
사월의 맑은 하늘에 화려한 깃발

보고 보아도 그대의 매력은
어두운 구름 밀려나고
사월의 마음에 행복한 바이러스
가지가지마다 펄럭인다

청국장

심심한 상에 없어서는 안 되는
엄마의 손맛
펄펄 끓는 뚝배기에
보글보글 끓는 청국장

두부, 파와 하나 된 어울림
옛 맛 그대로 그 냄새
먹으면 먹을수록 고향의 맛처럼
생각나는 떠나신 빈자리

청국장에 가족의 숟가락은
모락모락 정겨운 가족애
가신 엄마의 빈자리
그리움이 녹아있는 청국장

꽃모종

봄비 맞고 땅 냄새 맡은

몸단장한 꽃모종

꽃대 세워

맑은 하늘을 본다

와! 살맛 나는

내가 서 있는 땅!

동 행

혼자 감당하기 어려울 때
통증의 골이 너무 깊어 잠을 뒤척일 때
견디기 어려운 슬픔이 클 때
먼 길 지친 몸 기댈 수 있을 때

그대의 손 꼭 잡고 걸어가는
노부부의 정
그대와 항상 함께하여
차가운 손이 따뜻해지는 여유

그대가 옆에서 빈 가슴 채워 주어
살아가는 가깝고도 먼 길
세상 끝날까지 그대와 함께하여
함께 저물어가는 우리

영종도 선녀바위

사랑하는 연인이 몸을 던졌다는 운명
태평암 바위를 선녀바위로 부르게 된 전설
맑은 밤하늘에 선녀들이 내려와
노는 장소로 전해진 이야기가 무성하다

바위 형상의 모습이 기도하는 모습과 같아
기도하면 소원이 이루어진다는 기암괴석
선녀 바위에서 바라본 서해안의 물결
단조로운 파도의 음률에 마음을 적신다

기암 바위에 앉은 한가로운 괭이갈매기
밀려 오가는 파도의 장단을
알기나 하는지
선녀바위 해수욕장에 운치를 더한다

보이지 아니하는 뜨거운 사랑이
수많은 파도로 모래성을 쌓아
멀리서 달려오는 파도의 오케스트라
수없이 담금질하여 선녀 바위 몸을 적신다

한적한 공원의 전율

잘 가꾸어진 공원 길

상념을 잠재우며 걸어간다

눈빛이 초점을 멈추며

찬란한 꽃과 나무의 시간을 읽는다

풀잎과 풀잎에 맺힌 옥구슬 햇살에 영롱하다

아름답게 피어나는

현란한 색의 조화로운 손짓 고독을 일깨우며

꽃의 질서로 길게 이어지는

무아지경의 전율 잠시 눈을 감는다

공원의 질서 정연한 합주

일상의 근심을 달래주는 선율로

빛이 향기롭다

조화로운 묘미로 타고 흐느끼게 하는 연주

조용한 바람에 갈망의 무상한 세월

평화롭게 흐느낀다

한적한 공원 문양의 전율로

말씀이 육신이 되어

골고다 언덕을 바라보면

성육신한 당신의 모습이 놀랍다

살점을 떼어 내듯이

고통의 선혈이 흐르고 흘러

십자가의 보혈은

죄인의 허물을 덮어주기 위한

속죄의 경전이었다

성육신한 당신의 언약

손에 못 자국이 구원의 능력으로 변했네

십자가의 능력이

떡과 포도주로 변한 우리의 삶

영원토록 각인되어 골고다로 흐른다

믿는 자는 구원 받는 진리의 약속

4월 죽은 나무에서 꽃이 피듯이

"나를 기념하라." 당신의 세미한 음성

성찬식의 떡과 포도주

한적한 공원의 전율

잘 가꾸어진 공원 길

상념을 잠재우며 걸어간다

눈빛이 초점을 멈추며

찬란한 꽃과 나무의 시간을 읽는다

풀잎과 풀잎에 맺힌 옥구슬 햇살에 영롱하다

아름답게 피어나는

현란한 색의 조화로운 손짓 고독을 일깨우며

꽃의 질서로 길게 이어지는

무아지경의 전율 잠시 눈을 감는다

공원의 질서 정연한 합주

일상의 근심을 달래주는 선율로

빛이 향기롭다

조화로운 묘미로 타고 흐느끼게 하는 연주

조용한 바람에 갈망의 무상한 세월

평화롭게 흐느낀다

한적한 공원 문양의 전율로

말씀이 육신이 되어

골고다 언덕을 바라보면

성육신한 당신의 모습이 놀랍다

살점을 떼어 내듯이

고통의 선혈이 흐르고 흘러

십자가의 보혈은

죄인의 허물을 덮어주기 위한

속죄의 경전이었다

성육신한 당신의 언약

손에 못 자국이 구원의 능력으로 변했네

십자가의 능력이

떡과 포도주로 변한 우리의 삶

영원토록 각인되어 골고다로 흐른다

믿는 자는 구원 받는 진리의 약속

4월 죽은 나무에서 꽃이 피듯이

"나를 기념하라." 당신의 세미한 음성

성찬식의 떡과 포도주

내 영혼의 생명으로 흐른다

내 생명의 주인이신 당신이시여

뼈저린 회개와 다시 사는 비결이

당신의 말씀 속에 영원히 거하는 삶으로

요란한 함성의 전율

2024년 8월, 33회 올림픽
206개국의 17일간의 꽃들의 함성은
정화되지 못한 센 강을 따라 흘렀다
타오르는 불꽃 끌 수 없는 지구촌 열기
파리의 역사적 명소를 배경으로 평화의 잔치는
올림픽의 위대한 지구촌의 산물이다
에펠탑의 오륜기와 세계 선수의 꽃의 깃발이
센 강 바람에 흔들리며 메달을 향한 꿈의 사투
뜨거운 폭염에도 승리의 함성과 실패의 눈물로
뛰고 구르고 쏘고 물살 가르는 꽃의 용기다
세계 공동체의 건전한 체육 정신은
잡히지 아니하는 메달의 집념으로 눈물겹도록
처절하고 비통하기도 하지만 아름다웠다
신념의 승리, 의지의 승리는 열광하는 응원자들의
흔드는 손과 박수 소리에 빛을 더한다
나라의 짐을 등에 새기고 흘러내리는 구슬땀

찬란한 금빛 메달을 향한 희망은 뜨거웠다

록밴드의 열창 속으로 막이 내리고

4년 후의 L. A. 기수에게 오륜기가 전달되자

말발굽 장단이 요란하게 질주하며

세계 꽃들의 꿈이 다시 함성으로

초롱꽃(campanula)

서늘한 곳과
바람이 잘 통하는 곳을
좋아하는 너의 성품 따라
다소 곳 고개 숙인 너의 모습

따뜻한 사랑 숨기고
변하지 아니하는 약속으로
상냥한 너의 사랑에
더 없는 만족을 주는 그대

나의 마음 설레게 하는
보랏빛 등 그대의 진심이
전해지는 신비한 불빛
소리 없이 스며드는 매력

잠시 머물고 싶은 등불로
전해지는 그대의 진심 어린 고백
5월의 하늘이 뜨겁다

시집 평설

경건한 일상의 삶과 『그리움의 도돌이표』
– 지영자 시인, 상상력의 극대화와 그 해법

엄창섭(가톨릭관동대 명예교수, 한국기독교문인협회 고문)

1. 사유(思惟)의 깊이와 자아 성찰

　모름지기 개념도 불투명한 이념의 문제로 대립과 갈등으로 치닫는 혼돈의 시간대에서 당면한 삶의 문제에 대해 불행하게도 정신작업의 종사자마저 깊은 사유와 자기성찰을 망각하고 있다. 그렇다. 창조적 영혼의 소유자라면 응당 예언자로서의 소임을 엄숙히 수행하여야 한다. 일단 우연의 일치일 것이나 글머리에서 평자의 경우, 몇 권의 시집 평설은 그럴 것이나 구약(舊約)의 선지자 엘리야(Elijah)와 연계성을 지닌 아호가 로뎀(Rodem)인 지영자 시인의 등단지인 『신문예』의 고문과 또

신인상 심사를 담당한 연유도 무관치는 아니하다.

또 한편, 시 심리의 현상에서 이 땅의 그 어느 정신작업의 종사자보다 절망의 끝이 보이지 않는 황혼의 인생길에도 '생명의 씨앗을 파종하는 농부의 보폭으로 만보(漫步)'하는 그 자신의 삶은 "너희는 하나님 앞에서 그리스도의 향기라."라는 말씀과도 같이 감사의 신앙에 힘입어 더없는 평안일 따름이다. 특히 앞서 출간된 『생명의 칸타타』(생각나눔, 2022)의 시집 해설에서도 평자는 그 나름으로 "안타깝게도 개념도 불투명한 극심한 이념의 갈등 구도로 치닫는 사회현상에서 한층 더 창조적 영혼은 위대하고 아름답기에 '용서와 통섭(通涉)'을 몸소 수행한 남아연방의 넬슨 만델라(Nelson Rolihlahla Mandela)처럼 꿈을 실현하지 않으면 결코 현실로 전환될 수 없음."을 지적한 바다.

그렇다. "주어진 오늘은 내 삶에 있어 최초의 날이며 최후의 날이다."라는 절박함 뒤 폭넓고 다양하게 시작에 몰두해온 그 자신이 '로뎀 시리즈'로 간행하는 제11시집 『그리움의 도돌이표』(생각나눔, 2024)의 편집 구성은 제1부 「꽃 이름은 달라도」, 제2부 「황혼의 역주행」, 제3부 「당신은 누구십니까?」, 제4부 「불청객의 고민」, 제5부 「바람에게 물어본다」, 제6부 「가을이 차다」로 118편의 시편이 균형감을 적절히 유지하고 있다. 차제에 끈끈하고도 소중한 삶의 연계 선상에서 시의 본말(本末)인 서정성은 감정의 절제와 깊은 사변성(思辨性)에 의해 '바람에게 물어보는 그 자유로운 바람의 영혼'으로 어둠의 경계를 헐어버리는 맑은 음조의 페르마타(fermata)다.

특히 아름다운 삶의 잠언을 위하여 공감대의 틈새를 거부하지 아니하고 인간의 본질적인 물음 앞에서 세계고를 통감하면서 '영성의 눈금 읽기와 감성의 시학'에 일관성을 지닌 탐색은 소외된 인간 관계성을 회복하는 지난(至難)한 '몸의 시학'이다. 이처럼 맑은 영성의 소유자로서 파스(Octavio Pazz)가 '종교의 문제는 신이 아니라 시간임'을 제시하였기에 미로의 출구로 통하는 길과 출구 밖의 세계는 시간의 직선적 개념의 산물이다. 까닭에 그 자신의 시편에 대한 개념 정리는 프랑스의 철학자 뷔퐁(Buffon's)의 "글은 곧 그 사람이다."라는 측면에서 글 쓰는 이의 생각과 말이 글의 깊이를 결정한다는 지적에 한층 더 일체감을 지닌다.

이처럼 지상에 갈 앉은 나직한 음조와 섬세한 감수성으로 "세계의 이색 풍경이 생각의 틀을 지나 비로소 창조의 신비를 읽는다."라며 이국적인 풍경 앞에서 저토록 위대한 창조성에서 짐짓 "과거와 미래의 기억보다 오늘을 바라보는 / 경이로운 세계 살아갈 이유와 가치로 / 무모한 생각을 지운다/절망을 삼키며 삶이 빛날 수 있도록 / 하늘에 그려진 석양의 아름다움처럼 / 이렇게 좋은 세계 / 오늘 하루의 삶이 얼마나 아름다운가!「얼마나 아름다운가」라며 감동의 회복을 느낌표(!)로 빚어내고 있다.

어디까지나 소소한 삶에서 그 자신이 신앙처럼 떠받들며 시를 통해 틈틈이 체득한 '영혼의 은총 같은 일깨움'에 잇닿기에 그 자신의 경이로움은 천국을 향해 비상하는 생명의 언어에 의한 영혼의 축복이다. 무엇보다 그 자신의 시적 양식의 구도 처리는 다소 의도적인 변명이 주어질 것이나 지는 알 수 없지만, 시집에 수록된 시편은 전체적으로 불협화음에 의해 흐름의 단절이나 일체의 연(聯)구분 없이 특이하게 처리되고 있다.

이 까닭에 "전동차의 바퀴는 전설의 노래처럼 / 지나치는 역은 징검다리처럼 문을 여닫고 / 서울의 허리를 밟고 지나가는 풍광(風光)에 / 삶의 희열을 묻고 답하며 외로움을 달랜다「황혼의 역주행」"의 보기는 그 같은 양상에서 거부감이 없다.

또 한편, 비록 현실적으로 처한 공간에 관한 지극한 관심사는 자연의 사계를 수묵 담채로 빚어낸 '인내하고 기다린 고결한 기품'이 돋보이는 설중매(雪中梅)는 눈 속에서 피어나는 매화꽃을 뜻하기에 그 자신이 "꽃샘바람 / 겨울잠을 흔들어 깨우니 / 봄의 문을 열고 / 그 기품 어여뻐라 / 소복이 쌓인 눈빛 광채 / 찬란하게 빛나는 너의 형상에 / 곱게 물들어 가는 흔적 / 그대의 화사함으로 봄은 오는구나.「설중매」"에서 다시금 확증되듯 일체의 영탄법은 따뜻한 감동을 안겨주고 있다.

2. 삶의 변주(變奏)와 황혼의 역주행

차제에 생명의 존엄성을 인식하고 유형적 인상과 시학의 합리성을 '느림의 시학과 맑은 영혼'의 형상화에 관한 시적 행위의 극대화로 모든 감각을 오랫동안 신중하게 교란하며 그 자신의 시대적 소임을 엄숙하게 수행한「삶의 변주(變奏)와 황혼의 역주행」에 관심을 지닌 주의집중은 결코 지나치지 아니하다. 이처럼 그 자신이 시적 행위로 삶을 자적(自適)하며 영혼의 울림에 귀 기울이는 행위야말로 언어 기호의 도식과 유희적 가식에 지나침은 허락되지 아니한다. 따라서 시 쓰기를 즐기는 담백한 품격의 소유자로서 생명의 소중함을 부단히 일깨우는 일상의 삶은 진정성이 묻어있다.

그 같은 일면은 신비주의 시인인 칼릴 지브란(Kahlil Gibran)이 "언어를 살려놓는 수단은 시인의 심성과 그의 입술과 그의 손가락들 사이에 존재한다 … 생략 … 그가 죽으면 언어는 뒤에 남아 그의 무덤 위에 몸을 던지고는 다른 어떤 시인이 와서 일으켜 세워줄 때까지 슬피 흐느껴 운다."라는 지적과 동일성을 지닌다. 특히 여성상징인 꽃을 시적 질료로 즐겨 다루는 그 자신이 피안화(彼岸花)로 불리며 학명이 'Red spider lily'인 꽃무릇에 대한 관심사는 온통 불타는 혈서를 건네주는 깊은 애정의 발로랄까? 못내 경이롭다.

> "사무치다."라는 말 뜨거운 꽃 / 솔 향기 바람 타고 오는 언덕 / 파르르 떠는 어긋난 그리움 / 사랑을 수배하는 나그네에게 / 온통 불타는 혈서를 건네주면 / 오작교도 없는 강을 건너서 / 그대 푸른 애인들 돌아오는
>
> 「꽃무릇」 선문

또 그렇게 '이슬에 젖어 한마디 말없이 소소한 햇살에 초연한 삶으로' 더없이 분망한 일상에서 한 포기 야생화처럼 끈질긴 생명감으로 버텨낸 그 자신이 "낮에는 햇볕에 눈 비비며 / 당당히 살아남은 신비한 생명 / 누구 지나가도 개의치 않고 / 삶의 고달픔도 잊게 하는 너 / 혼자서 자생력 키우는 담력은 / 하늘이 준 노하우 / 바람을 이겨낸 태고의 인내력「야생화」"

이야말로 또 하나 신선한 생명의 역동성이다.

각론하고 담백한 시적 형상화로 허망한 삶도 담담히 풀어내지만, 인간은 자기 흔적을 남기는 존재이기에 「전도서」의 가르침처럼 '허공, 무념, 무상'과도 맞물려 있다. 모처럼 그 자신의 시사(詩史)에서 변곡점을 장식하는 시편은 직물 대상의 평이한 시적 기법(craft)에서 비롯한 경건한 신앙심이 감사의 통로를 열어주고 있다. 이처럼 창조주의 은총은 저토록 놀라워 삶의 황혼녘에 소중하게 흘려보낸 목숨의 시간대에 인연의 소중함을 가늠하지 않더라도 '책갈피 뒤적이는 꽃의 열정에 할미는 말없이 벗어놓은 옷만 다독이는' 일상의 삶은 더없이 다감하여 눈물겨울지라도 그 자신이 나직한 육성으로 읊조려내는 "알알이 익어가는 포도처럼 / 맑고 고운 눈빛 미래의 꿈을 캐고 있다 / 하나밖에 없는 꽃 중의 꽃 / 25년의 근심의 벽이 지나자 / 세상을 놀라게 하려는 듯 / 생명공학의 나노바이오 시스템의 전공을 위해 / 작은 신발을 갈아 신었다「꿈을 심는 손녀」"의 시적 정조(情調)는 더없이 평화롭다.

특히 생명 외경심과 감성의 시학을 형상화하는 동기화에서 난해한 현대 시의 격랑에 편승하지 않고 삶의 역주 뒤에 숨고르기를 걸친 담백한 격조에 잇닿은 존재의 뿌리며 화합의 처소인 가정이 무너지는 불행한 삶의 시간대에서 '시도 때도 없이 화의 불씨가 이혼 서류에 도장 찍기가 바쁜 세상'의 정신 풍경화는 못내 억장이 내려앉은 우리의 더없이 안타까운 모양새는 다음의 시편에서 이같이 확증되는 보기이다.

> 저장된 핸드폰의 이름 삭제하듯이 / 쉽게 사랑을 팽개치는 아픔이지만 / 흔들리는 날씨처럼 변덕이 심한 이슈가 / 실시간으로 빠르게 달려온다 / 포기한 사랑 버려지는 생명 / 시시비비가 들끓지만 남은 자들은 / 누구에게 물어야 할 이유 없는 비극이다
> 「바람에게 물어본다」에서

위에 인용한 시편은 '꽃잎들의 왈츠' 싱그러운 생명의 계절에서 직물 대상이 다소 이채로운 '과속방지턱의 파도를 넘어 혹한의 바람에게 물어보는' 화자의 관심사(關心事)는 못내 망연자실인 측은지심(惻隱之心)이다.

비교적 그 자신의 시편은 '시의 본말(本末)인 서정성에 충실하되 보편성에 이끌리지 않아 '특이한 육성과 종교성이 수용된 시적 영토'의 확장은 안정적이다. 여기서 삶의 본원을 상실한 현대인의 응고된 영혼을 뜨거운 눈물로 녹아내리게 하고 마침내 무위, 무상이라는 관념은 걸어 잠근 마음의 문을 내

부로부터 스스로 열게 하는 놀라움이다. 그렇다. 그 자신의 시편 중 경기도 파주시 광탄면에 소재한 물빛 풍경이 아름다운 마장 호수는 친환경 공원으로 조성되어 호흡이 긴 "살가운 아침 햇살 사이로 / 병풍처럼 둘러쳐진 오색 빛 물든/가을 산 아래 / 그린 듯 마장 호수의 물결은 / 유혹의 가을빛이다 / 밀려 오가는 관광객의 발걸음 / 출렁다리 위에 눈을 감았다 뜬다 / 흔들리는 다리 아래로 유영하는 / 잉어의 몸짓이 걸음을 멈추게 한다「마장 호수」"의 시적 정감은 깊은 영혼의 상처도 온전히 치유하고 충만한 은총 넘쳐 나는 생명감이다.

까닭에 시간과 공간의 개념을 상호대비 시키되 행간의 여백을 좁혀간 그만의 시적 기법은 순백의 언어로 정금을 빚어내는 연금술사처럼 경이로움을 안겨준다. 한편 그 자신의 시적 음계는 낮은음자리표로 지상에 나직이 갈 앉는 투명한 연계음(連繫音)이 자리해 있어 그 이상성(Ideality)의 색조는 못내 신선한 충격이다. 그처럼 거대한 격랑의 물발에 밀리면서도 상실된 자아를 발견하려는 고독한 작업을 통해 소통 도구인 언어 공해가 심각한 후기 산업사회에서 인생의 테두리를 이룬 가족애에 대한 분별력과 부친을 통해 가슴 저미는 북녘에 관한 남다른 공동의 관심사는 신선한 충격을 안겨준다. 특히 시어에 대한 깊은 이해와 관심을 담백하게 표출하려는 시인으로의 소임, 바로 그 매혹적(魅惑的)인 못내 역동적이다.

3. 시적 상상력의 확장과 꽃의 향기

  보편적으로 그 자신의 시적 차별화는 에코토피아의 색조에서 기인(起因)된 연계성으로 경계 해체의 비법을 숙련된 솜씨로 유감없이 활용한 결과물이다. 이처럼 그 자신의 고뇌와 집념은 동질성을 지닌 직물 대상을 다른 시각에서 투시하는 시적 조망으로 잠시 숨 고름에 앞서 자기만의 육성, 느낌을 정렬화(整列化)한 언어 양상을 조명해 보이기에 이 땅의 충직한 독자는 일체 갈등의 요소로 충격을 받지 아니한다.

  그 같은 맥락에서 하찮게 인식되는 일상의 질료 하나도 비중 있게 다루면서 자신의 삶을 반추하되 무심히 흘려보낸 시간에 대해 끊임없이 성찰하고, 사유의 깊이와 속도를 조절하며 반문하는 그의 삶은 한층 품격을 지닌 시인으로의 자존감을 높여주고 있다. 따라서 그 자신이 못내 '황홀한 자태는 신이 내린 은총 고운 빛의 전설을 다시 쓰고 있을지라도' 다음에 인용하는 시편은 응당 시 의미를 음미하며 가늠할 바다.

정열의 빨간 장미 눈을 현혹하네 / 오월의 청잣빛 하늘 아래 / 내가 오월의 꽃 중의 꽃이라고 / 꽃무늬 속살 드러내어도 할 말이 없네 // 매혹적인 모습 / 당당한 사랑의 화신 / 풍기는 품위 누구와 견줄 수 없는 / 그대 내 마음 사로잡네 // 붉게 타오르는 절정의 미소 / 고통의 가시지나 꽃다운 삶을 뜨겁게 / 황홀한 자태는 신이 내린 은총 / 고운 빛의 전설 다시 쓰고 있네

「장미의 향기로」 전문

위에 인용한 시편에서 새삼 감지될 것이나 비교적 '5월의 꽃'인 장미의 꽃말은 색깔에 따라서 그 의미가 다양하다. 일반적으로 붉은색은 '욕망, 열정, 기쁨, 아름다움'을 뜻하고 흰색은 '존경, 순결, 매력'을 의미할뿐더러 그 자신의 또 다른 시편에 견주어 시적 질료나 기법의 완성도가 높을뿐더러 삶의 일상에서 접할 수 있는 질료를 무리 없이 서정시로 전경화(全景化)한 또 하나의 일면이다.

그렇다. 일상적인 물상과 예술적인 감성의 접합인 점에 비쳐 '정겨운 사랑 이야기로 푸른 서사시를 쓰는 7월'에서 "7월 녹색 교향곡의 연주 / 시원한 바람 향기롭다 / 눈물겨운 파란 빛의 열정 / 꽃과 열매로 초록 융단을 깔고 / 잠든 꽃을 깨우

는 뜨거운 햇빛「7월」"의 보기에서

 그 자신의 시 의미의 다양성은 더없이 확증된다. 따라서 "개념과 / 창조 사이에 / 감정과 / 반응 사이에 / 그림자는 자리한다."라는 엘리엇(T. S Eliot)식 발상은 동반자로서의 시 쓰기에 견주어짐도 배경 지식(schema)으로 유념할 바다.

 각론하고 그 자신이 극명하게 이 땅의 충직한 독자들에게 역설하는 삶의 일깨움에 앞서 여기서 초록우산은 '초록으로 상징되는 싱그러운 아이들의 미래 가능성을 우산처럼 펼쳐주고 담아주고 보호하는 사업목적'인 아동복지 전문 기관을 뜻한다. 까닭에 "흰 구름 벽지 안에서 / 아버지 목소리가 들려요「초록 우산」"에서 또다시 명증되듯 '벽과 벽이 둘러싼 작은방에 혼자 고립'된 불안과 초조감에서도 끝내 좌절하지 아니하고 막연한 기대일지라도 삶의 손넘성은 상실하지 말아야 한다. 따라서 '인류의 정신적 스승' 헤르만 헤세(Hermann Hesse)가 "단지 하늘에 떠가는 구름뿐이라고 하여도 우리가 살아 존재하는 한 기뻐해야 한다."라는 그 지적은 지혜로운 삶의 일깨움이다.

 결론적으로 격랑의 세월을 견뎌낸 로뎀 지영자 시인의 시적 대응은 '영성(靈性)에 의한 성스러움'이기에 '감사와 축복의 삶'은 더없이 절실하다. 까닭에 절제된 감정으로 사물의 본질을 해명하고 본래의 형질을 회복하는 창조적 영혼은 의미와 가치를 지닌다. 모쪼록 비열한 이기주의로 치닫는 후기 산업사회의 차별화를 순수한 서정성으로 삶의 처소에서 꼼꼼히 챙기되 '극소수의 창조자'로서 그간의 낡고 고루한 탈 관념화와 심각한 언희(言戱)의 행태를 역사적 소임으로 인식하고 지혜롭게 대처하는 지영자 시인의 열한 번째 시집 『그리움의 도돌이표』의 출간을 축하하는 바이다.